PRIMER NIVEL

APRENDE ACORDEÓN FÁCILMENTE

POR VICTOR M. BARBA

Para obtener acceso el audio, visite:
www.halleonard.com/mylibrary

4144-6825-5816-5783

Cover photograph by Randall Wallace
Project editor Ed Lozano

ISBN 978-0-8256-2728-6

Visitar Hal Leonard en linea a:
www.halleonard.com

Contatenos:
Hal Leonard
7777 West Bluemound Road
Milwaukee, WI 53213
Email: info@halleonard.com

In Europe, contacto:
Hal Leonard Europe Limited
42 Wigmore Street
Marylebone, London, W1U 2RN
Email: info@halleonardeurope.com

In Australia, contacto:
Hal Leonard Australia Pty. Ltd.
4 Lentara Court
Cheltenham, Victoria, 3192 Australia
Email: info@halleonard.com.au

ÍNDICE

INTRODUCCIÓN

MÚSICA FÁCIL... CON ESTE LIBRO ES REALMENTE FÁCIL

En poco tiempo te darás cuenta de cómo puedes tocar fácilmente el *acordeón*. Con tan sólo un poco de práctica y estudio vas a poder acompañar canciones y tocar melodías sin esfuerzo. Por supuesto no serán todas las canciones que ya conoces o esperas poder tocar, pero con la ayuda de este libro, aprenderás a tocar canciones. Descubrirás que con este método podrás tocar música, y por supuesto, tocar en un grupo. De esta forma podrás tocar canciones conocidas de tus artistas favoritos y los ritmos que te gustan.

En este libro aprenderás ritmos y canciones de los estilos: norteño, cumbia, bolero, balada, rancheras, corridos, y muchas más.

No trates de tocar todo enseguida. Estudia primero y practica mucho cada ejemplo. La música tiene que ser divertida, y por eso lo es también este libro. Verás que con un poco que estudies serás capaz de crear tus propias canciones. Recuerda que quizá no conozcas muchas de las canciones que se incluyen en este método, pero sí son muy parecidas a todas esas canciones que escuchas en la radio y en tus discos compactos.

Ojalá disfrutes tanto con este libro, como yo disfruté al escribirlo.

CÓMO USAR EL AUDIO

El audio incluye todos los ejemplos completos. Primero escucharás el tema musical y la canción tocada solamente con la guitarra y luego el tema musi-cal y la canción tocada con todo el grupo: teclados, guitarra, bajo, y batería.

Este libro está pensado para que pronto puedas tocar en grupo, pero también para que aprendas a tocar por tu propia cuenta. Es importante entonces que practiques varias veces cada canción y la toques al mismo tiempo que escuchas el audio.

Para escuchar una canción determinada fíjate en el número que está dentro de la estrella rodeada por un círculo.

 4 Por ejemplo, ésta es la canción numero 4, y es el tema musical número 4 del audio. Es muy fácil, al igual que toda la música de este libro.

Te felicito por querer aprender música. Practica mucho y aprenderás.

INSTRUMENTO

BOTONES

Es bueno que conozcas tu instrumento lo mejor posible. Las partes mas importantes del instrumento, son las siguientes:

FUELLE (Abanico)

BOTONES (Mano Derecha)

BOTONES (Mano Izquierda)

AFINACIÓN

Acordeón de Teclas: Este acordeón, funciona igual que un teclado o piano normal. Todas las notas son las mismas, o sea, que si sabes tocar el piano o el órgano, puedes tocar el acordeón de teclas. La única diferencia es que el acordeón se jala para sacar aire y así producir el sonido, pero es igual al teclado.

Acordeón de Botones: Este sí es totalmente diferente. Primero, es un instrumento *diatónico*; es decir, contiene únicamente los tonos naturales de una escala mayor por lo que sólo puede tocar algunas notas y no todas como lo hace el piano. ¿Te has fijado como los grupos norteños cuando terminan de tocar una canción, se quitan el acordeón que traen y agarran otro?, pues es porque están en diferente *tono*. Algunas canciones están en el tono de SOL, otras en el tono de FA o en el de DO, *etc*. Dependiendo del tono en el que esté la canción se utiliza un acordeón u otro. No te preocupes si suena raro, porque lo que aprendas en un acordeón (no importa el tono) lo vas a poder tocar en cualquier otro. El sonido es lo único que cambia, las posiciones siguen siendo las mismas y los botones también. Hay un pequeño detalle, algunos acordeones tienen más botones que otros, es como el piano o el teclado; algunos son más chicos que otros. En realidad no importa porque si aprendes a tocar el acordeón vas a poder tocar *cualquier acordeón de botones*, sin problema. Ahora prepárate para estudiar. No te preocupes por la afinación del acordeón, generalmente estos instrumentos vienen afinados de fábrica. Si necesitas afinar un acordeón recuerda que como los pianos sólo lo puede hacer un profesional. Preocúpate tan sólo por tocar este instrumento y tocarlo bien bonito.

NOTAS

BOTONES Y TECLAS

La música se escribe con *notas,* que son las bolitas y palitos que has visto muchas veces. En este libro vas a aprender para qué sirven las notas y cómo usarlas.

Las notas representan sonidos. Cuando ves una nota, representa un sonido. Si ves 5 notas, son 5 sonidos, y así sucesivamente. El sonido puede ser igual o diferente. Si la nota está en la misma rayita o en el mismo espacio entonces el sonido es *igual.* Si las notas van subiendo, por ejemplo una en cada línea del pentagrama, entonces cada sonido es *diferente.*

Además de sonidos *iguales* y *diferentes.* Hay sonidos *graves,* (o notas graves) Como los que hace el bajo o la tuba. También hay sonidos (o notas) *agudas,* como las del violín, la flauta o la trompeta.

Existen también los sonidos *cortos* (que sólo duran poquito tiempo) o sonidos *largos* (que duran muuuuuuuuucho tiempo).

Por eso el *tiempo* en la música es lo principal, si no existiera el tiempo, no se podría tocar música.

Las *notas* pueden ser *iguales* o *diferentes. Altas* o *bajas. Cortas* o *largas.*

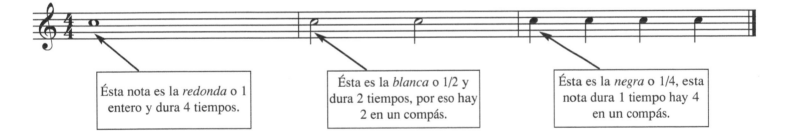

Ésta nota es la *redonda* o 1 entero y dura 4 tiempos.

Ésta es la *blanca* o 1/2 y dura 2 tiempos, por eso hay 2 en un compás.

Ésta es la *negra* o 1/4, esta nota dura 1 tiempo hay 4 en un compás.

Todas las *notas* se escriben en un *pentagrama.* Recuerda que para escribir música se utiliza una método que representa el sonido. El sonido tiene muchas cualidades, puede ser: agudo, grave, largo, corto, de poco volumen, de gran volumen, entre otros. El *pentagrama* se utiliza para poder representar la música por escrito.

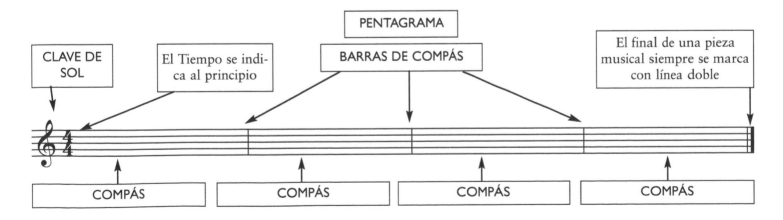

La música se divide en *compases;* un compás es la distancia que hay en medio de dos barras de compás.

El *pentagrama* tiene 5 líneas y 4 espacios. Las líneas se cuentan de abajo a arriba.

5 Líneas   4 Espacios

En el compás de 4/4 hay 4 notas de 1 tiempo cada una. Se usa para baladas, boleros, y la mayor parte de la música. Es el compás más común.

En el compás de 3/4 sólo hay 3 notas y se usa para las rancheras, o vals, o música norteña de 3/4. Este compás también es muy común.

En el compás de 2/4 sólo hay dos notas. Se usa para la cumbia y música de corridos o ranchera. También se usa mucho.

Hay más tipos de compases, pero después los aprenderás. De momento aprende estos tres.

PRINCIPALES ESCALAS MAYORES

TECLAS

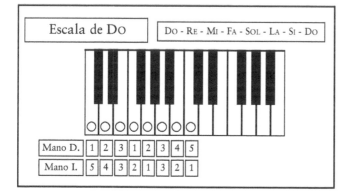

Escala de Do   DO - RE - MI - FA - SOL - LA - SI - DO

Mano D.	1	2	3	1	2	3	4	5
Mano I.	5	4	3	2	1	3	2	1

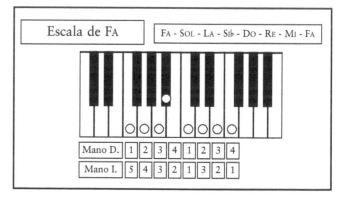

Escala de FA   FA - SOL - LA - SIb - DO - RE - MI - FA

Mano D.	1	2	3	4	1	2	3	4
Mano I.	5	4	3	2	1	3	2	1

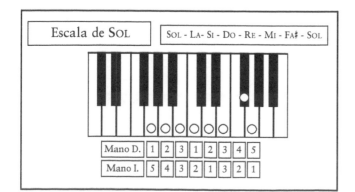

Escala de SOL   SOL - LA - SI - DO - RE - MI - FA♯ - SOL

Mano D.	1	2	3	1	2	3	4	5
Mano I.	5	4	3	2	1	3	2	1

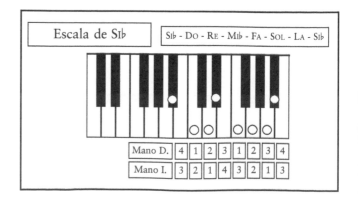

Escala de SIb   SIb - DO - RE - MIb - FA - SOL - LA - SIb

Mano D.	4	1	2	3	1	2	3	4
Mano I.	3	2	1	4	3	2	1	3

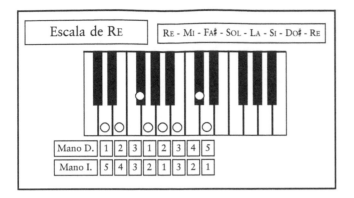

Escala de RE — RE - MI - FA♯ - SOL - LA - SI - DO♯ - RE

| Mano D. | 1 | 2 | 3 | 1 | 2 | 3 | 4 | 5 |
| Mano I. | 5 | 4 | 3 | 2 | 1 | 3 | 2 | 1 |

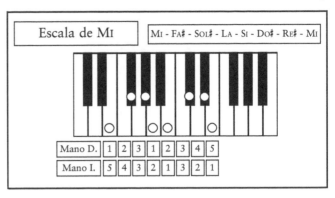

Escala de MI — MI - FA♯ - SOL♯ - LA - SI - DO♯ - RE♯ - MI

| Mano D. | 1 | 2 | 3 | 1 | 2 | 3 | 4 | 5 |
| Mano I. | 5 | 4 | 3 | 2 | 1 | 3 | 2 | 1 |

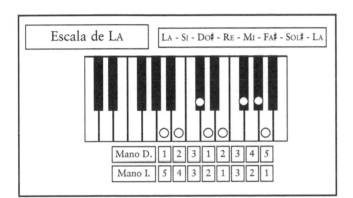

Escala de LA — LA - SI - DO♯ - RE - MI - FA♯ - SOL♯ - LA

| Mano D. | 1 | 2 | 3 | 1 | 2 | 3 | 4 | 5 |
| Mano I. | 5 | 4 | 3 | 2 | 1 | 3 | 2 | 1 |

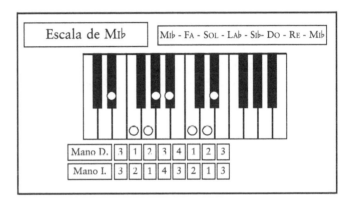

Escala de MI♭ — MI♭ - FA - SOL - LA♭ - SI♭ - DO - RE - MI♭

| Mano D. | 3 | 1 | 2 | 3 | 4 | 1 | 2 | 3 |
| Mano I. | 3 | 2 | 1 | 4 | 3 | 2 | 1 | 3 |

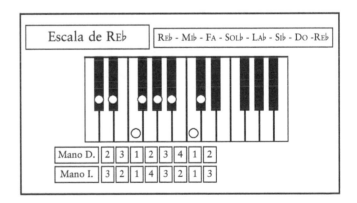

Escala de LA♭ — LA♭ - SI♭ - DO - RE♭ - MI♭ - FA - SOL - LA♭

| Mano D. | 3 | 4 | 1 | 2 | 3 | 1 | 2 | 3 |
| Mano I. | 3 | 2 | 1 | 4 | 3 | 2 | 1 | 3 |

Escala de RE♭ — RE♭ - MI♭ - FA - SOL♭ - LA♭ - SI♭ - DO - RE♭

| Mano D. | 2 | 3 | 1 | 2 | 3 | 4 | 1 | 2 |
| Mano I. | 3 | 2 | 1 | 4 | 3 | 2 | 1 | 3 |

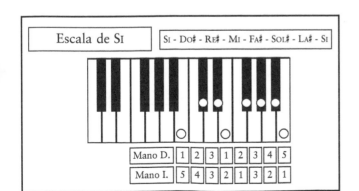

Escala de SI — SI - DO♯ - RE♯ - MI - FA♯ - SOL♯ - LA♯ - SI

| Mano D. | 1 | 2 | 3 | 1 | 2 | 3 | 4 | 5 |
| Mano I. | 5 | 4 | 3 | 2 | 1 | 3 | 2 | 1 |

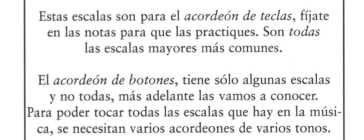

Estas escalas son para el *acordeón de teclas*, fíjate en las notas para que las practiques. Son *todas* las escalas mayores más comunes.

El *acordeón de botones*, tiene sólo algunas escalas y no todas, más adelante las vamos a conocer. Para poder tocar todas las escalas que hay en la música, se necesitan varios acordeones de varios tonos.

IMPORTANTE

BOTONES Y TECLAS

Para tocar una canción o acompañarla, necesitas *sentir la música*. Esto lo puedes lograr a través de la práctica y el estudio. Hay tres elementos muy importantes que forman parte de la música:

Ritmo
Melodía
Armonía

RITMO

El *ritmo* es un patrón musical formado por una serie de notas o unidades que son de duración diferentes. Por ejemplo la música disco, la cumbia, o la mayoría de música bailable tienen un ritmo muy marcado. La batería es un instrumento de percusión que marca el ritmo. Más adelante vas a entender mejor lo que es el ritmo. El ritmo puede expresarse con un sólo sonido o por varios sonidos. Éste es un ejemplo de ritmo usando un sólo sonido:

MELODÍA

La *melodía* es una sucesión de notas musicales que forman una frase musical o idea. Quiere decir que si creas un ritmo con diferentes sonidos, formas una melodía. Las melodías pueden (y deben) variar el ritmo, para que no sean monótonas o aburridas. Las melodías dependen mucho del compositor o del estilo de música del que se trate.

ARMONÍA

La *armonía* es la comprención de las escalas y los acordes. Cuando tocas varias melodías al mismo tiempo, por ejemplo una con piano, otra con guitarra y al mismo tiempo tocas el bajo, cada instrumento va haciendo una melodía diferente (la melodía es como una tonadita). Cuando eso pasa, hay momentos en que suenan tres notas o más al mismo tiempo, y eso forma los *acordes*. La armonía es la parte de la música que estudia los acordes y cómo se deben de usar para formar progresiones de acordes o círculos para poder así acompañar las canciones.

Cómo Se Toca el Acordeón de Teclas

Recuerda que este libro es el primer nivel, por eso vamos a mostrar la manera más fácil de tocar el acordeón de teclas.

Este instrumento se toca con las dos manos. Con la mano derecha se toca el *teclado*, o sea donde están las teclas blancas y negras, y con la mano izquierda se jala o se mete el aire. Los botones que hay en la mano izquierda normalmente no se usan en la música norteña, por eso sólo aprenderemos la parte del teclado en este libro.

Las notas son 7: Do-Re-Mi-Fa-Sol-La-Si. Fíjate en este dibujo.

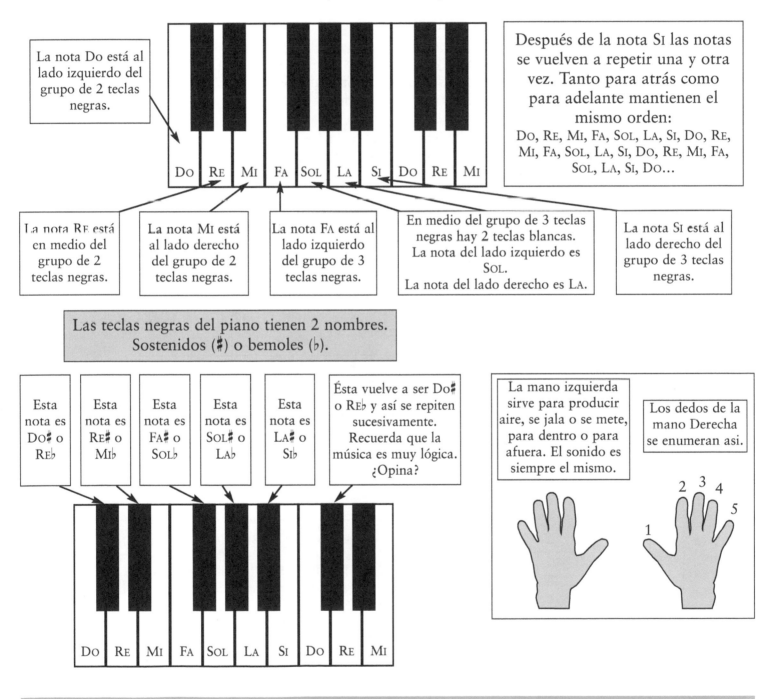

Escala Cromática

Las notas de la escala cromática son los doce sonidos de la escala musical y son:
Do-Do#-Re-Re#-Mi-Fa-Fa#-Sol-Sol#-La-La#-Si-Do
Do-Si-Sib-La-Lab-Sol-Solb-Fa-Mi-Mib-Re-Reb-Do

PRINCIPIOS DE ARMONÍA

BOTONES Y TECLAS

La *armonía*, es el estudio de los acordes.

Un *acorde* se le llama a 3 notas diferentes o más de 3 notas diferentes tocadas al mismo tiempo.

Cuando sólo tocas 2 notas diferentes al mismo tiempo, se le llama *intervalo*.

Cuando tocas un acorde, y luego otro y otro y otro, formas un «círculo». (En música esto se conoce como *progresión*). Las canciones se acompañan con varios acordes. Por eso, es tan importante conocer todos los acordes.

Vamos a ver los acordes más básicos, en la página 62. Hay varios acordes que se usan mucho en todas las canciones. Para que sepas como se forman los acordes tienes que aprender sobre la armonía.

ACORDES MAYORES Y ACORDES MENORES

Para formar un acorde en la escala de Do mayor, escribes tres notas juntas, una encima de la otra. Usando las líneas…

o los espacios.

Fíjate en la distancia que hay de una nota a otra siguiendo el ejemplo del orden de las notas de Do a Do.

Do (Do♯ o Re♭) Re (Re♯ o Mi♭) Mi Fa (Fa♯ o Sol♭) Sol (Sol♯ o La♭) La (La♯ o Si♭) Si Do

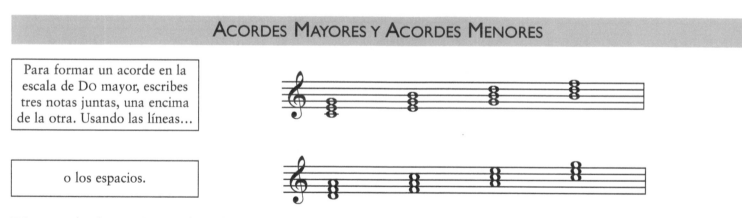

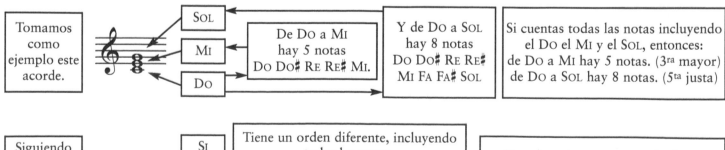

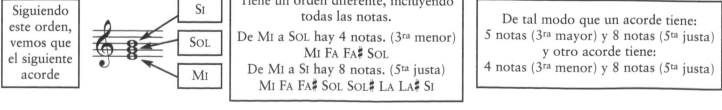

El acorde que tiene una 3ra mayor y una 5ta perfecta es un acorde mayor.
El acorde que tiene una 3ra menor y una 5ta perfecta es un acorde menor.

Botones

Tiene 10 botones en la *primera línea*
11 botones en la *segunda línea*
10 botones en la *tercera línea*

Algunos acordeones tienen 12 botones en la segunda línea y 11 en la primera y la tercera, pero en este libro nos vamos a basar en un acordeón de 10-11-10 porque son los más comunes. Si el acordeón tuviera 11-12-11, los tres botones que se agregan van en la parte de abajo, o sea en las notas *agudas*.

El *acordeón de botones* tiene tres líneas de botones

1ª Línea | 2ª Línea | 3ª Línea

Notas *graves* o *bajas*

Notas *agudas* o *altas*

1 2 3

Estos botones casi no se usan en la música norteña y muchas veces se mandan quitar, para poder jalar aire mejor.
De cualquier manera, hay un botoncito en la parte de atrás en la mano izquierda que sirve para sacar y meter aire.

Este acordeón tiene 12 botones en medio.

Los Botones se enumeran así.

Línea 1 | Línea 2 | Línea 3

Cuando se dice *jalar* se refiere al FUELLE, o sea *abrir* el acordeón, le llamaremos «OUT» en inglés.

Y si *cerramos* el acordeón o el FUELLE entonces le llamaremos «IN» en inglés.

OUT | FUELLE (Abanico) | **IN**

Importante: Las notas se escuchan diferente si el aire va para afuera o para adentro. Toca el mismo *botón*, IN y OUT, y vas a notar que se oye *diferente*.

Los acordeones de botones no pueden tocar todas las notas posibles, por eso hay varios acordeones en varios *tonos*, los más comunes son:

Acordeón en Sol
Acordeón en Fa
Acordeón en Mi

Si vas a comprar un acordeón, compra uno en Sol o en Fa. Si ya tienes uno, toca con el que tengas. Lo importante es que sea cual sea el que tengas, con este libro vas a aprender a tocar cualquier *acordeón*. Vamos a comenzar por conocer las herramientas para trabajar antes de tocar canciones. Las herramientas son las *notas* en el acordeón y en el pentagrama.

BOTONES

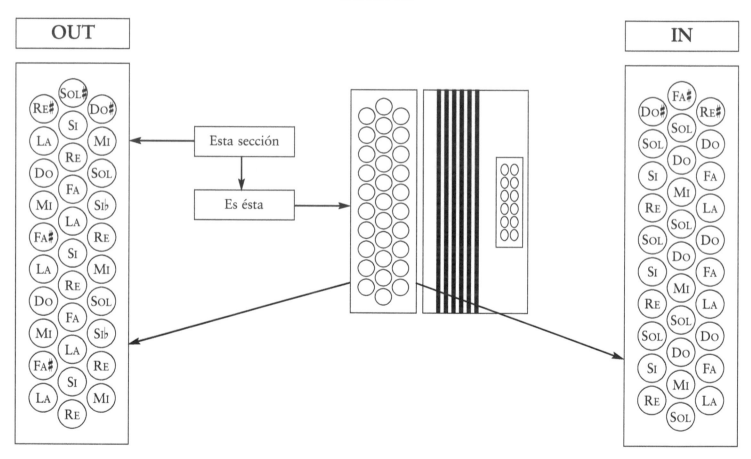

ESTAS NOTAS SON DEL ACORDEÓN DE SOL

Fíjate bien y toca el acordeón. Si el aire va para afuera, se oye un sonido, si el aire va para adentro es otro. Toca el mismo botón y vas a notar la diferencia.

Las notas están puestas en un orden lógico. En el dibujo hay sólo 10-11-10 botones y en la foto hay 11-12-11, o sea, tres botones más. Las notas de esos tres botones son:

OUT
DO-FA-SOL

Si ves la línea 1, OUT las notas son: RE♯-LA-DO-MI-FA♯-LA-DO-MI-FA♯-LA. Si tuviera 11 botones la siguiente nota seria DO.

Si tuviera 12 la siguiente nota seria MI, ¿entiendes la lógica que sigue? Una vez que lo entiendes lo demás es muy fácil. Ocurre lo mismo cuando el sonido es para dentro o para afuera.

¡Bienvenidos al acordeón de botones!

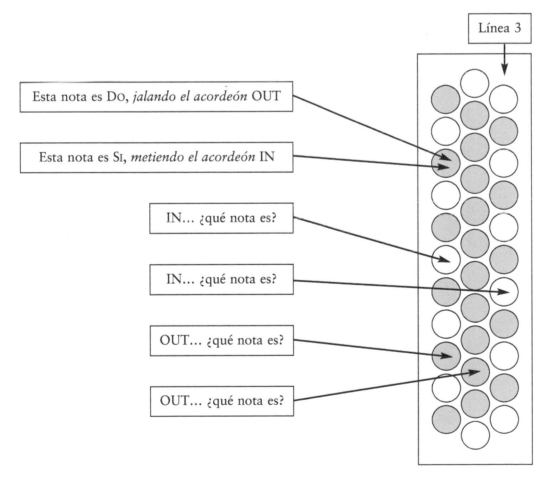

Línea 3

Esta nota es DO, *jalando el acordeón* OUT

Esta nota es SI, *metiendo el acordeón* IN

IN... ¿qué nota es?

IN... ¿qué nota es?

OUT... ¿qué nota es?

OUT... ¿qué nota es?

BOTONES

Notas del Acordeón de MI	Notas del Acordeón de FA	Notas del Acordeón de SOL
OUT	OUT	OUT

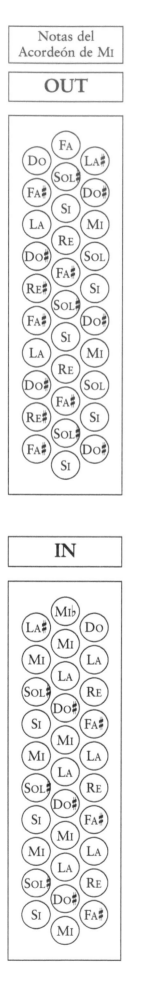
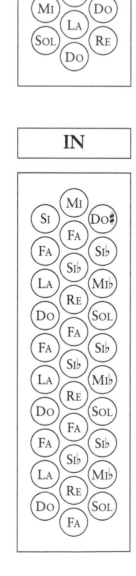
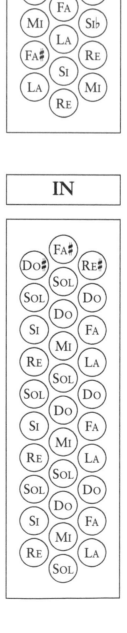

IN	IN	IN

Apréndete esta tabla bien de memoria, porque te va a servir para todo lo que toques en el acordeón.

Si no sabes qué nota es, fíjate en la tabla de la próxima página y busca la nota, luego mira cuál botón es el que tienes que tocar y listo.

Recuerda también que hay notas altas y bajas (agudas y graves), entonces si ves un SI, la nota es la misma, pero puede ser que sea SI alto o SI bajo. La forma fácil de saber es tocar uno y luego tocar otro para escuchar la diferencia.

Otra cosa importante es que las notas se repiten en el acordeón. A diferencia del acordeón de teclas, que solo hay una nota de cada tecla, aquí hay varias notas que están en diferentes botones misma nota, entonces si tocas un botón, puede que toques otro botón y se oiga igual.

Algunas veces esto es muy útil, porque al tocar las canciones a veces el aire no alcanza, ya sea IN o OUT; entonces dependiendo de la posición en la que estés, tocas el botón mas apropiado.

Todo esto son consejos. Conforme vayas aprendiendo más, lo vas a entender mejor.

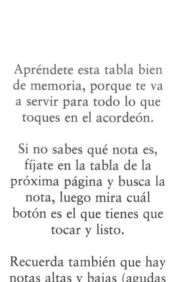

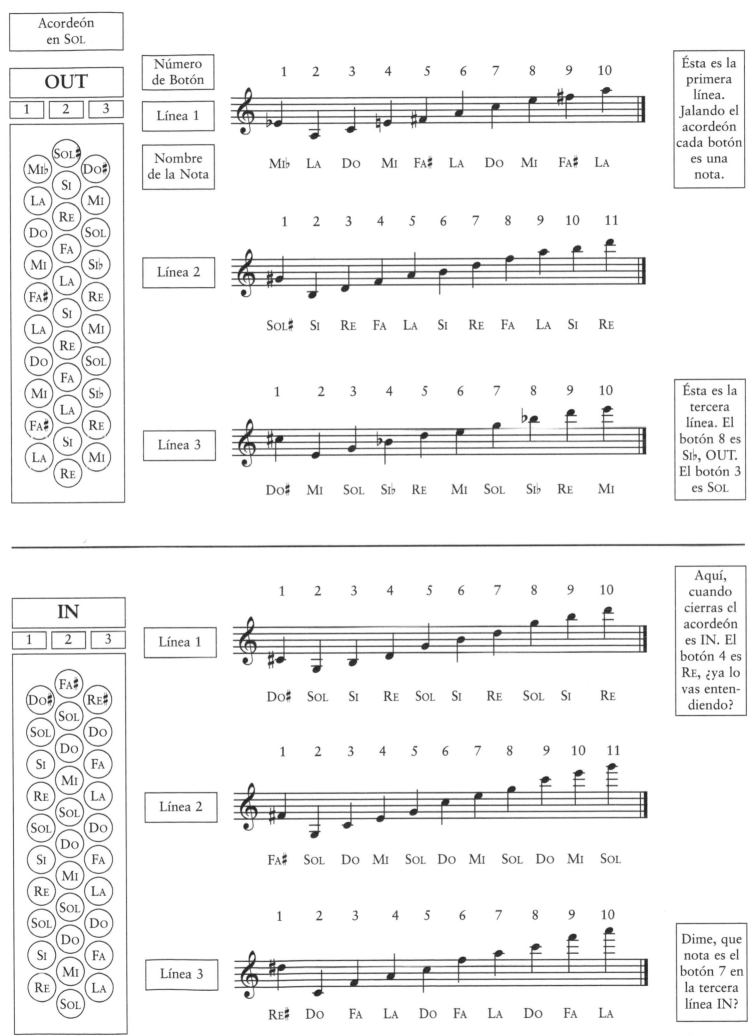

TRANSPORTAR

Transportar una nota es cambiarla de lugar. Recuerda que hay varios *tonos* en los acordeones de botones. Mira este dibujo para que veas como se transporta una nota.

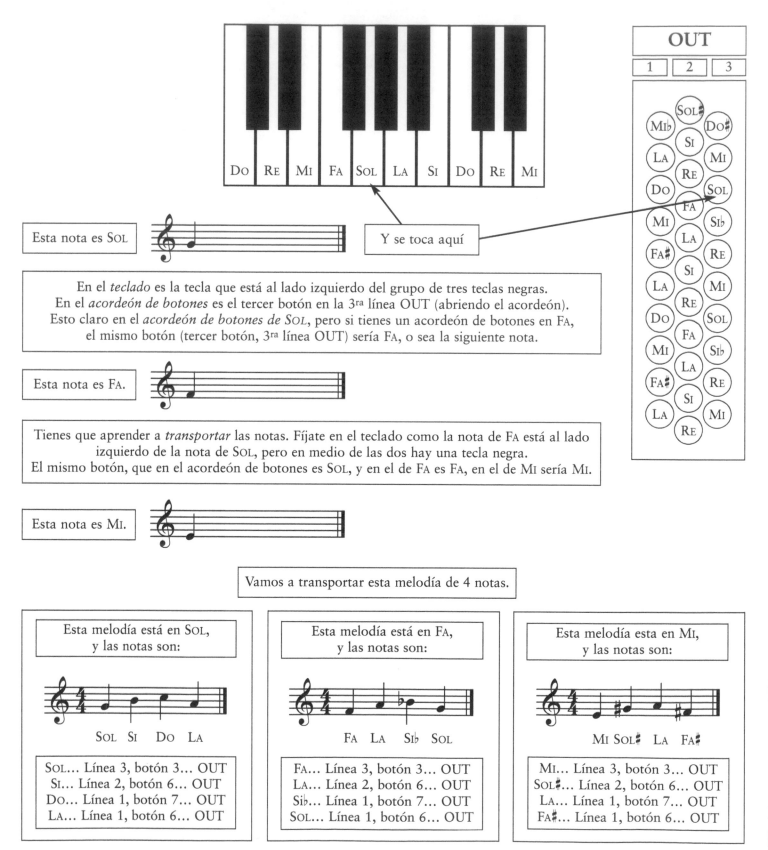

Esta nota es SOL

Y se toca aquí

En el *teclado* es la tecla que está al lado izquierdo del grupo de tres teclas negras.
En el *acordeón de botones* es el tercer botón en la 3ª línea OUT (abriendo el acordeón).
Esto claro en el *acordeón de botones de SOL*, pero si tienes un acordeón de botones en FA, el mismo botón (tercer botón, 3ª línea OUT) sería FA, o sea la siguiente nota.

Esta nota es FA.

Tienes que aprender a *transportar* las notas. Fíjate en el teclado como la nota de FA está al lado izquierdo de la nota de SOL, pero en medio de las dos hay una tecla negra.
El mismo botón, que en el acordeón de botones es SOL, y en el de FA es FA, en el de MI sería MI.

Esta nota es MI.

Vamos a transportar esta melodía de 4 notas.

Esta melodía está en SOL, y las notas son:

SOL SI DO LA

SOL... Línea 3, botón 3... OUT
SI... Línea 2, botón 6... OUT
DO... Línea 1, botón 7... OUT
LA... Línea 1, botón 6... OUT

Esta melodía está en FA, y las notas son:

FA LA SIb SOL

FA... Línea 3, botón 3... OUT
LA... Línea 2, botón 6... OUT
SIb... Línea 1, botón 7... OUT
SOL... Línea 1, botón 6... OUT

Esta melodía esta en MI, y las notas son:

MI SOL# LA FA#

MI... Línea 3, botón 3... OUT
SOL#... Línea 2, botón 6... OUT
LA... Línea 1, botón 7... OUT
FA#... Línea 1, botón 6... OUT

Si te fijas son los mismos botones y las mismas líneas, *pero diferentes notas*, o sea es *la misma melodía pero en otro tono*. Estudia bien esta parte.

⊛ ESCALA DE DO

BOTONES

La escala de DO es la primera escala que vas a aprender, *todas* las canciones tiene parte de escalas. Las escalas son muy importantes. Practica todas las escalas muchas veces al día. Escucha el CD y fíjate como se oye la escala, la puedes tocar en el acordeón de *teclas* (ver pág. 8 y 9) y en el de *botones* va así.

La razón de tocar esta escala es para que la aprendas muy bien, para atrás y para adelante, abriendo y cerrando el acordeón. Es importante que te sepas las notas muy bien, tanto en los botones como en el pentagrama, y que toques la escala muchas veces.
Si te preguntan cuál es FA, toca esa nota. Haz lo mismo con RE, SI, *etc.* Asegúrate de aprender muy bien las notas.
Las flechas te indican el orden de la escala para arriba, pero debes de tocar la escala para abajo también; o sea hay que voltear las flechitas y así podrás tocar la escala para arriba y para abajo. Fíjate en el siguiente dibujo.
Trata de *no tocar la escala con un solo dedo*, usa varios dedos. Elige un dedo y luego otro, y vas a encontrar cuál se siente más a gusto para tocar. Experimenta y diviértete con el acordeón.

Abriendo el acordeón (OUT), tocas la escala para arriba y para abajo. Al llegar a RE, como el acordeón está abierto ahora empiezas en DO, pero cerrando el acordeón (IN), para arriba y para abajo, al llegar a RE otra vez el acordeón esta muy cerrado, pues ahora comienza en DO con el aire OUT y haces la escala otra vez. La idea es que puedas tocar la escala para arriba y para abajo *sin parar*, abriendo y cerrando el acordeón, pero sin parar.

Debes tocar la escala *lentamente*. Cuanto más lento la toques, más rápido aprenderás. Recuerda no corras. *Despacito*.

DO... RE... MI... FA... SOL... LA... SI... DO... SI... LA... SOL... FA... MI... RE... DO... *etc.*, para arriba (DO... RE... MI... FA... SOL... *etc.*) para abajo (DO... SI... LA... SOL... FA... *etc.*) para arriba (DO... RE... MI... FA... SOL... *etc.*) para abajo (DO... SI... LA... SOL... FA... *etc.*) para arriba (DO... RE... MI... FA... SOL... *etc.*) para abajo (DO... SI... LA... SOL... FA... *etc.*) una y otra vez, una y otra vez. Estoy seguro de que si lo haces, vas a ver cómo te da resultado.

Más adelante vas a ver más escalas, como la de SOL, la de RE o la de FA, entre otras. Recuerda que se tiene que oír muy parecida, como si fuera la misma canción pero en otro tono. Aún cuando sean escalas dobles, practícalas igual que ésta. Primero para arriba, luego para abajo, y luego para arriba y para abajo.

⭐ ESCALA DE DO

BOTONES

La escala de Do que vimos en la página anterior está en el acordeón de Sol. Ahora veremos como se toca la misma escala en el acordeón de Fa y en el acordeón de Mi que son los más comunes.

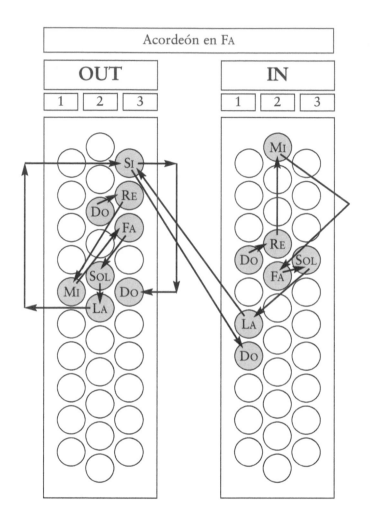

Fíjate en la escala de Do en el acordeón de Fa, se ve diferente que en el acordeón de Sol, ¿verdad? La posición es diferente, pero las notas son las mismas.

OUT: La escala sale completa en esta posicion, solo hay que brincar un poquito de Si a Do, pero con un poco de practica lo vas a poder hacer.

IN: Aquí la escala no sale completa, porque le falta la nota de Si. Recuerda que el acordeón es un instrumento *diatónico*, quiere decir que no tiene todas las notas, como el piano. La única manera de hacer la escala es, tomando una nota «prestada» del OUT, tocas la escala normal hasta el La y luego OUT tocas el Si y luego IN tocas el Do alto. Sigue las flechas.

No te preocupes, dentro de poco y con práctica lo vas a entender.

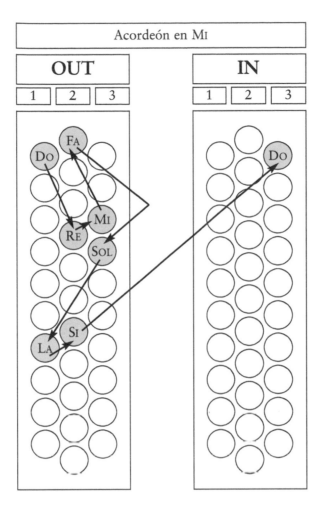

En este caso las notas de la escala de Do son más escasas. La única manera de poder tocar esta escala es con el aire para afuera y tomando «prestada» la nota de Do con el aire para adentro (IN).

Sigue las flechas y practica mucho, vas a ver que es muy fácil. De cualquier manera se tiene que escuchar igual que la escala del audio.

Para saber en que tono está tu acordeón ve la página siguiente.

Trata de tocar ésta y todas las escalas muy parejito y bien tocadas, con mucha seguridad y lentamente al principio. No te preocupes de la velocidad, con el tiempo y la práctica puedes ir más rápido. *Recuerda:* Las escalas son la base para hacer los adornos en la música.

¿EN QUÉ TONO ESTA MI ACORDEÓN?

BOTONES

Hay varias formas de saberlo. Una de ellas es preguntándole a la persona que te lo vendió cuando lo compres. Esa persona te puede decir en qué tono esta. La otra forma es que alguien que sepa música oiga el acordeón y te diga en qué tono está. Pero la mas fácil para ti, que estás empezando, es ésta: aprieta cualquiera de los botones marcados en este dibujo y...

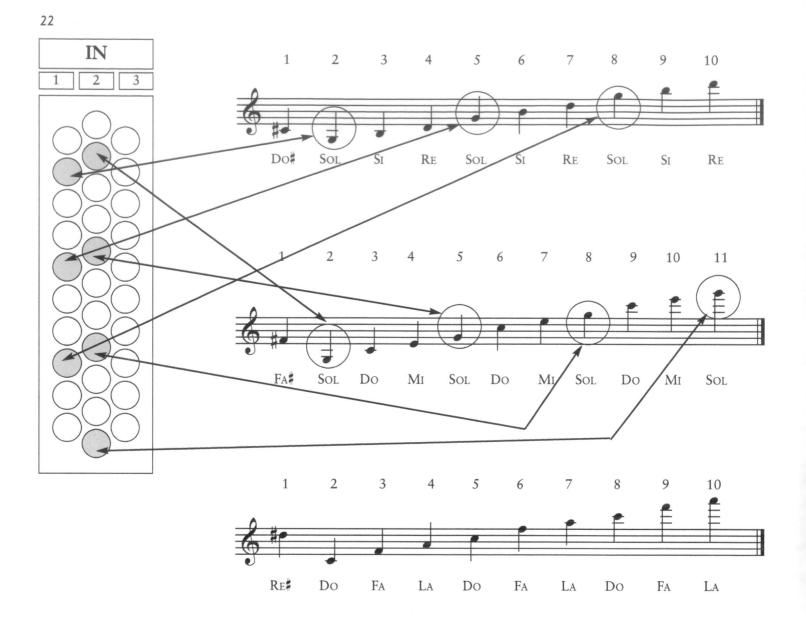

 Si se escucha igual o muy parecido que al tema musical 2, tu acordeón está en el tono de SOL.

 Si se escucha igual o muy parecido que el tema musical 3, tu acordeón está en el tono de FA.

 Si se escucha igual o muy parecido que el tema musical 4, tu acordeón está en el tono de MI

Éste es un ejemplo de las notas en el acordeón de SOL, aprieta *cerrando* el acordeón (IN) cualquiera de los botones del dibujo y compáralos con el audio. Recuerda que hay notas bajas (graves) y notas altas (agudas). En el audio hay varias notas altas y bajas, pero todas son del *tono del acordeón*. Toca el acordeón y se debe oír muy parecido al audio. Si no se escucha parecido, puede ser que tu acordeón esté en LA o en otro tono. También puede ser que esté desafinado.

Si no se parece a ninguno de los temas musicales del audio o no lo escuchas igual *con-sulta a tu médico*, es broma, pregúntale a alguien que sepa música o a la persona o la tienda que te vendió el acordeón.

De cualquier forma es importantísimo que sepas en qué tono está tu acordeón.

Esta es una pequeña canción que te da la base para empezar a tocar melodías. Recuerda que todas las canciones son sólo eso, melodías, algunas fáciles, otras no tan fáciles, pero al fin de cuentas son melodías. Ésta es una de ellas muy sencilla y fácil de tocar.

En el teclado puedes ver las notas que vas a utilizar en el dibujo del teclado. Fíjate que son sólo 3 notas que se tocan de una forma para producir la melodía. Trata de leer las notas, recuerda cuánto tiempo dura cada una. El audio está para ayudarte a oír la canción.

Toca la nota DO con el dedo gordo de la mano derecha. Adelante y comenzamos…

TECLAS

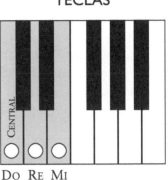

BOTONES

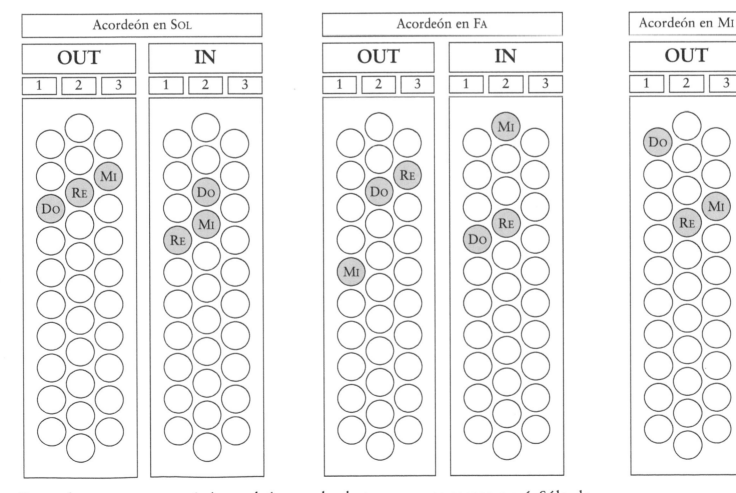

Depende en que tono esté el acordeón, usa los botones que te marco aquí. Sólo deben de ser tres botones, o sea, 3 notas. DO-RE-MI.

Ahora fíjate en esta canción que ya tiene 5 notas. Seguimos en la escala de Do. Podemos tocar miles de canciones en la escala de Do, pero solo tocaremos algunas para que aprendas más escalas. Usa la lógica y observa cómo con pocas notas, puedes hacer mucha música.

En el acordeón de botones, fíjate como la canción se puede tocar para afuera (OUT) y para adentro (IN). En el caso del acordeón de Mi, sin embargo, solamente para adentro (IN).

TECLAS

DO RE MI FA SOL

BOTONES

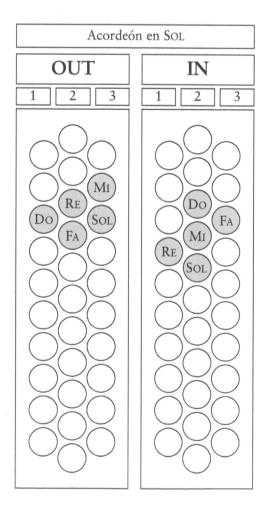

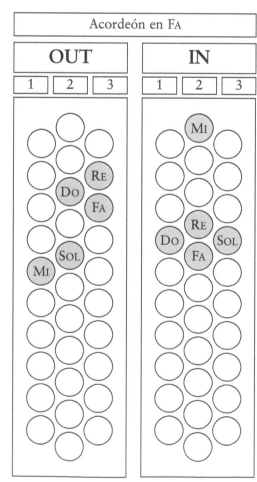

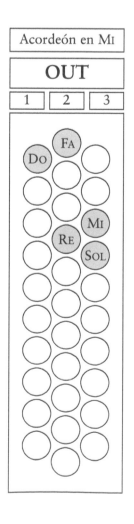

⭐ RANCHERA

TECLAS

Esta canción está en un compás de 3/4, quiere decir, que en lugar de contar 4 tiempos en cada compás, ahora sólo cuentas 3 tiempos. Otra cosa a tener en cuenta es que la velocidad de la canción es más rápida que las canciones anteriores. Seguimos en el tono de Do, por lo cual, sigues tocando las mismas notas. En este caso usamos una nota más, la nota de La. Para esta canción ya debes de saber perfectamente 6 notas: Do-Re-Mi-Fa-Sol-La.

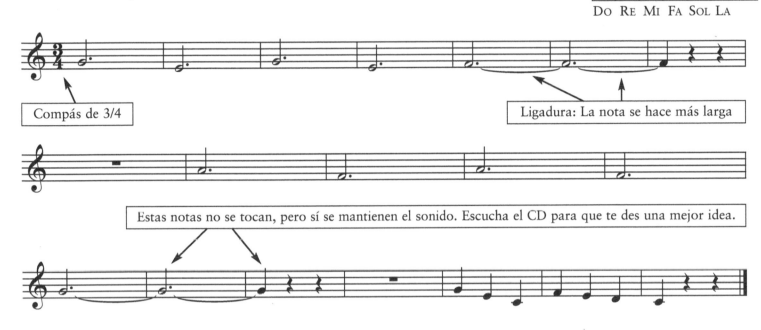

Compás de 3/4

Ligadura: La nota se hace más larga

Estas notas no se tocan, pero sí se mantienen el sonido. Escucha el CD para que te des una mejor idea.

BOTONES

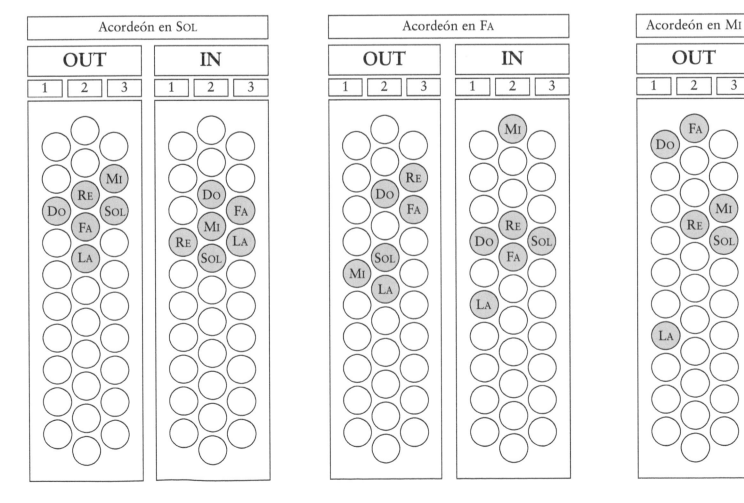

⭐8 TU DULCE AMOR

Esta es una baladita lenta, para que la practiques bien bonito y con mucho sentimiento, las notas son:

|Sol, __, La, Sol|Fa, __, __, __,|La, __, Si, La|Sol, __, __, __|

|Do, __, Re, Do| La, __, __, __| Si, __, Do, Re| Do, __, __, __|

Fíjate que en algunas notas pongo después de la nota una rayita, es porque ese tiempo dura 2, y en algunas otras notas le agrego más rayitas, esa nota dura 4. Presta atención en el audio y vas a ver que algunas notas duran más que otras. Es importante que aprendas cuál nota dura 1 tiempo, cual dura 2 y cual dura 4 tiempos.

TECLAS

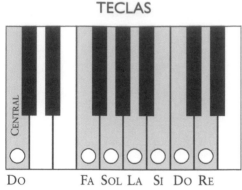

DO   FA SOL LA SI DO RE

BOTONES

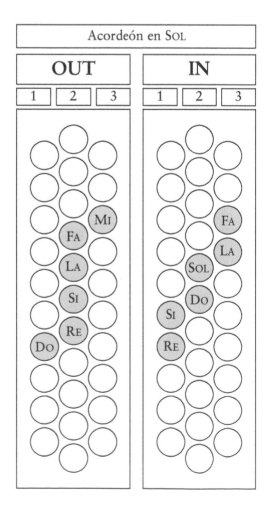

Acordeón en SOL	
OUT	**IN**
1 2 3	1 2 3

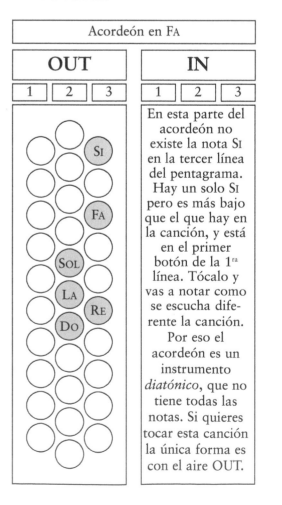

Acordeón en FA	
OUT	**IN**
1 2 3	1 2 3

En esta parte del acordeón no existe la nota Si en la tercer línea del pentagrama. Hay un solo Si pero es más bajo que el que hay en la canción, y está en el primer botón de la 1ra línea. Tócalo y vas a notar como se escucha diferente la canción. Por eso el acordeón es un instrumento *diatónico*, que no tiene todas las notas. Si quieres tocar esta canción la única forma es con el aire OUT.

Acordeón en MI
OUT
1 2 3

Lo mismo pasa en el acordeón de MI, no se puede tocar esta canción ni para fuera ni para adentro. La única manera de tocar esta canción es tocándola en otro tono. Por eso los grupos norteños buenos, traen varios acordeones, para poder tocar las canciones en el tono que sea.

No te preocupes mucho si no la puedes tocar, cada acordeón tiene su tono. (Ve la página 39).

IMPORTANTE

Estos son los botones del acordeón.

Producen sonidos diferentes si abres o cierras el acordeón.

La música y las canciones están basadas en escalas.

Has tocado algunas melodías, sencillas con el acordeón en las que todas usan la escala de Do. Podríamos tocar 100 millones de melodías diferentes, todas en la escala de Do, pero la idea de este libro es que tengas un conocimiento de cómo tocar el instrumento y la mayoría de las escalas básicas. Por eso vamos a usar más canciones en otros tonos y, por supuesto, más escalas.

Antes de ir a otro tono, repasa lo que ya sabes, y *juega con las notas*. Toca los botones de la escala que ya sabes y toca las melodías que ya sabes, pero trata de cambiar el orden de los botones, y vas a descubrir que de repente estás tocando «pedazitos» de canciones que conoces... *es casi mágico*, ¿verdad?

Muchas personas que tocan el acordeón, lo tocan de «oído». Esto quiere decir que pueden hacer muchas melodías y tocar canciones, sin leer las notas musicales. Nosotros como libro profesional te enseñamos a leer las notas, pero también como buen músico, es importante que desarrolles tu *oído musical*. Además, es muy divertido.

Vamos a tocar un poquito de «oído» pero no dejes de aprender a leer música, ¿de acuerdo?

Olvídate por un momento si tu acordeón está en Sol, en Fa o en Mi. Simplemente mira los botones que tiene, y como si fuera magia, trata de hacer desaparecer los botones que no sean de la escala de Do, es más, no te fijes por el momento si la escala es de Do o de Sib, o de La, o la que sea, por el momento, sólo toca esos botones...(Si puede marcar con un rotulador que se pueda limpiar después, todos los botones de la escala de Do, como muestra el dibujo, mejor).

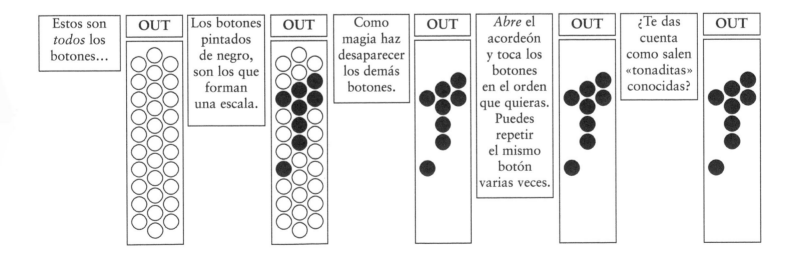

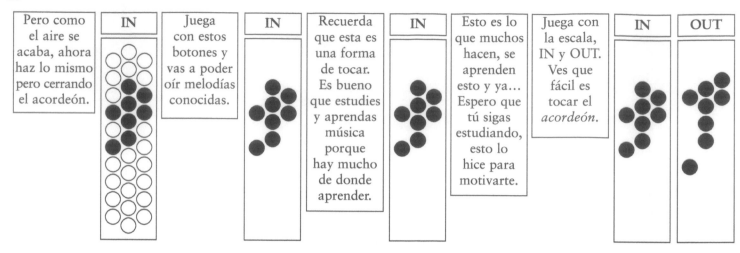

IMPORTANTE

Seguimos con el mismo concepto de la escala. El acordeón tiene más notas que la escala, no solamente 8. En el siguiente dibujo, te muestro TODOS los botones que forman la escala o que pertenecen a la escala. Toca esos botones solamente. Debes saber que con esos botones podrías tocar miles de canciones. El único inconveniente seria que todas esas canciones estarían en un solo tono.

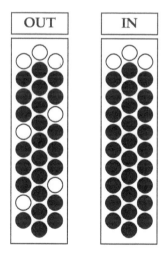

Que curioso, ¿verdad? Fíjate en la forma en que está hecho el acordeón de botones. Cuando *abres* (OUT) el acordeón hay 7 botones que no son del *tono* o de la *escala*. Si lo *cierras* (IN) solamente hay 3. Quiere decir que casi todo lo que toques va a estar dentro de esta escala, porque recuerda que hay más escalas. Así que ya sabes, fíjate y apréndete cuáles son los botones que no están dentro de la escala y ¡listo!

APRÉNDETE ESTO

Si el acordeón está en Sol: Ésta es la escala de Do
Si el acordeón está en Fa: Ésta es la escala de Si♭
Si el acordeón está en Mi: Ésta es la escala de La
Si el acordeón está en La: Ésta es la escala de Re

SON LOS MISMOS BOTONES

LO QUE CAMBIA ES EL *TONO*

POR ESO EN MÚSICA LAS NOTAS SON DIFERENTES

UN NUEVO TONO «SOL»

Para poder tocar la siguiente canción debes conocer otro tono más en el acordeón.
Éste es el tono de SOL. Como dijimos que las escalas son lo más importante, pues
apréndete la escala de SOL. Escucha el audio para que sepas como se oye.

De esta forma se toca en el acordeón de *teclas*. Fíjate que ya vas a usar una nota negra y es FA sostenido (FA♯). El símbolo (♯) se dice *sostenido* en música, y significa que la nota se hace un poquito más alta de tono, se sube 1/2 tono, por eso de FA natural (la tecla blanca) sube medio tono a FA Sostenido (la tecla negra).

El acordeón de teclas ya está, *fácil*...

TECLAS

BOTONES

Ahora vamos a estudiar el acordeón de Botones. El que está en el tono de SOL. Fíjate bien porque no es igual que el de teclas, es un poquito más, ¿cómo te diría?, más interesante.

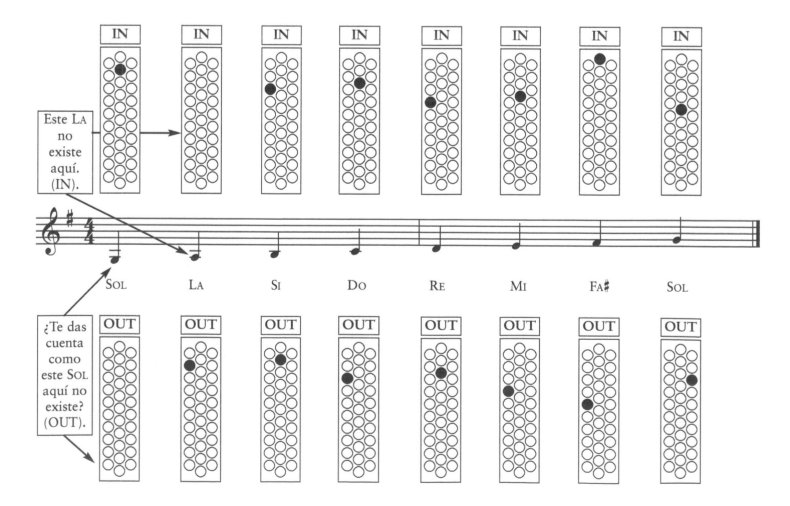

Fíjate en el *pentagrama*, mira qué nota es y luego voltea arriba o abajo y mira el dibujo del acordeón. La bolita negra te indica el botón que debes de apretar para tocar esa nota, IN (cerrando) OUT (abriendo).

Cuando cierras el acordeón no hay el LA y cuando abres el acordeón no hay el SOL. La única manera de tocar esta escala es combinando las notas (IN y OUT). Fíjate en las páginas 20 y 21, y el acordeón de FA y de MI tenían que «compartir» notas. De igual forma aquí tenemos que «compartir» las notas. El problema es el SOL bajo y el LA, todas las demás notas no importa si van para adentro o para afuera.

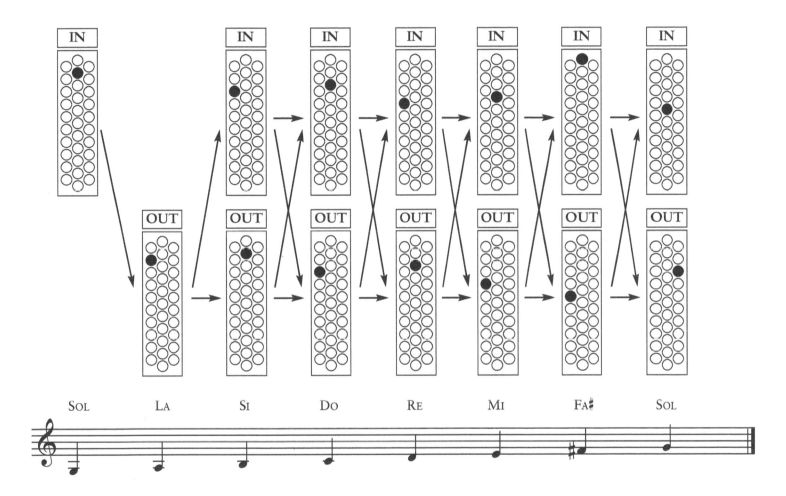

Estudia un poco y lo vas a entender. A simple vista no parece fácil, pero esta es la forma más sencilla de explicarlo. Lee por partes. Lee un poquito hasta que lo entiendas y llévalo a la práctica. Luego lee otro poquito, y así hasta que le entiendas muy bien.

Esta misma forma de «compartir» las notas la puedes aplicar a cualquier acordeón que tengas.

🔟 ESCALA DE SOL

OTRA FORMA DE TOCARLA

La escala de SOL que vimos es con notas *bajas*, o sea sonido *grave*. Se puede tocar la canción que sigue, "Amanecer," en el acordeón de botones de SOL. Fíjate en el pentagrama como las notas están mas arriba que la escala anterior. Escucha en el audio como se oye una y como se oye la otra.

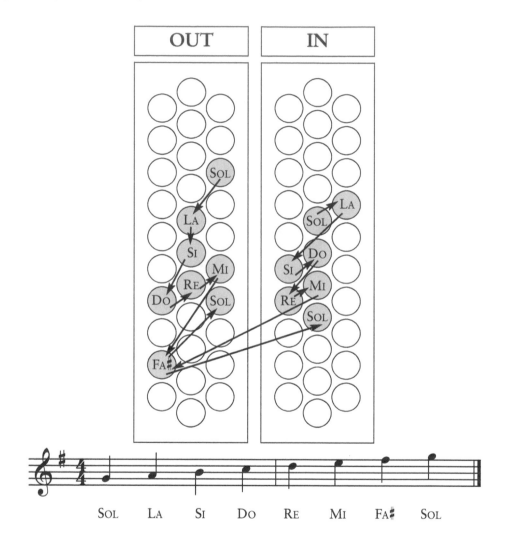

En esta escala «alta» se puede tocar completamente «abriendo» el acordeón sin problema alguno. Pero si lo quieres tocar «cerrando» el acordeón puede haber un problema, porque no existe la nota de FA♯. Si te fijas en la escala anterior, si hay un FA♯, pero es el que esta abajo. Como la escala debe sonar igual, la única manera de tocarla es tomando prestada la nota de la otra parte del acordeón.

¿Lo vas entendiendo? De no ser así te sugiero volver a leer el libro hasta esta página. Si ya lo entiendes y puedes tocar todo hasta ahora, *¡felicidades!* Ya podemos continuar...

AMANECER

Algunas veces, cuando tocas una canción, hay partes de la música que se repiten exactamente igual. Para no tener que volver a escribir la misma música dos veces, simplemente la tocas una vez y repites lo mismo fijándote en los signos de repetición.

Cuando veas este signo ‖: Tocas la música hasta que encuentres este otro :‖ Entonces, vuelves de nuevo al signo ‖: y vuelves a repetir la misma música. Eso quiere decir que: *toda la música que esté entre este signo* ‖: *y este signo* :‖ *se tiene que repetir*.

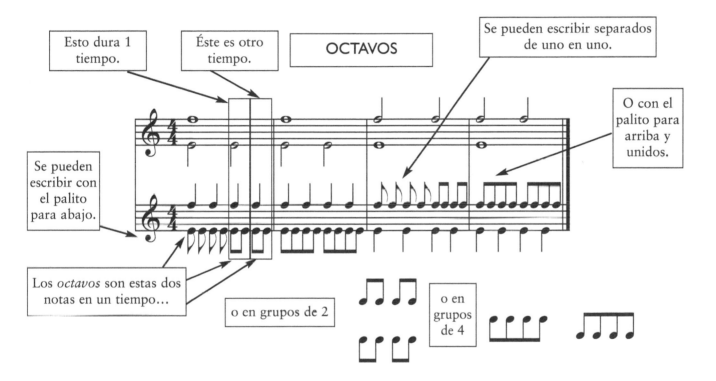

Éstas son las notas que se van a usar en esta canción. Revísalas y lee cada una de ellas. Fíjate en el FA♯, es la tecla negra en el acordeón de teclas. Éstas son las notas que se van a usar en esta canción. Revísalas y lee cada una de ellas. Fíjate en el FA♯, es la tecla negra en el acordeón de teclas.

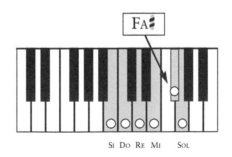

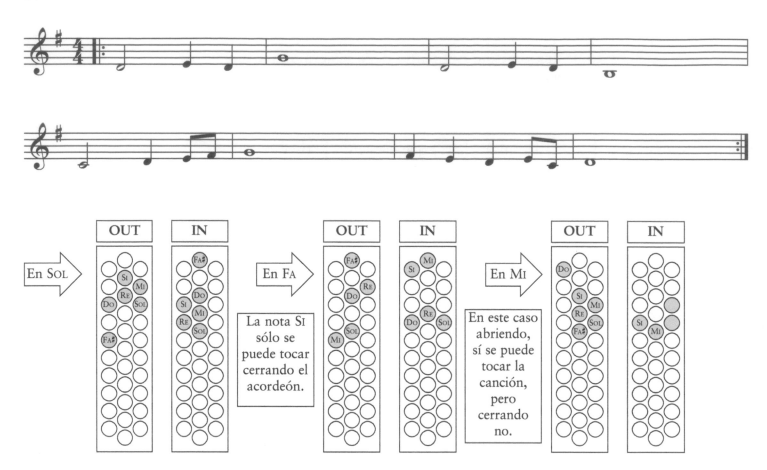

12 SOLAMENTE DOS VECES

Éstas son las notas que vas a tocar en esta canción. Es la escala de SOL. Con esta escala puedes tocar miles de canciones. Ésta es sólo una de ellas. Fíjate cómo las notas van para abajo, para arriba, suben, bajan, saltan o siguen. Observa que en toda esta canción se usa sólo una escala.

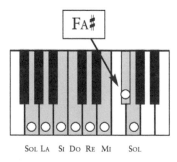

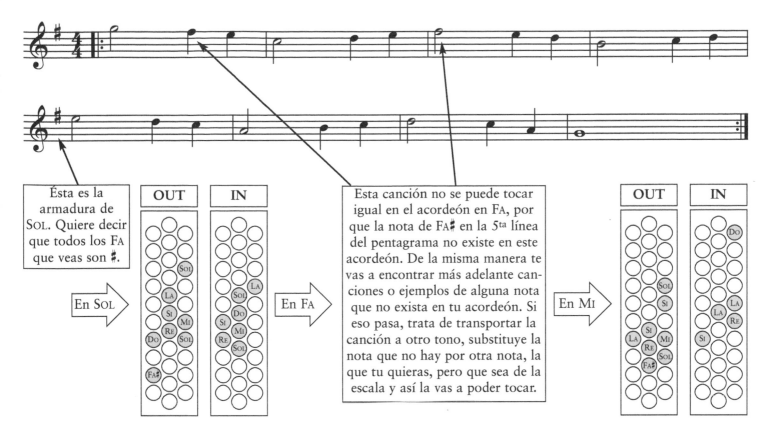

Ésta es la armadura de Sol. Quiere decir que todos los Fa que veas son ♯.

En Sol

Esta canción no se puede tocar igual en el acordeón en Fa, por que la nota de Fa♯ en la 5ta línea del pentagrama no existe en este acordeón. De la misma manera te vas a encontrar más adelante canciones o ejemplos de alguna nota que no exista en tu acordeón. Si eso pasa, trata de transportar la canción a otro tono, substituye la nota que no hay por otra nota, la que tu quieras, pero que sea de la escala y así la vas a poder tocar.

En Fa

En Mi

Fíjate en el acordeón en Mi. Hay algunas notas que se pueden tocar en diferente botón, pero es la misma nota, por ejemplo el Si.

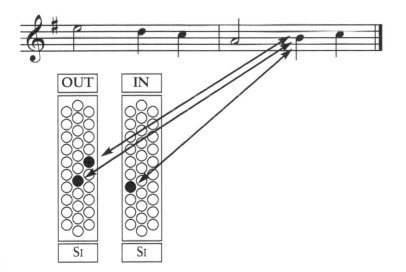

Se puede tocar en tres diferentes botones, pero siempre va a ser la misma nota. Lo importante es tocar la nota, no importa el botón que se toque. Puedes apretar cualquiera de estos tres botones y siempre va a ser Si, del mismo modo pasa en los demás acordeones: *por eso es tan importante saber las notas y en donde se tocan en el acordeón.*

Del mismo modo fíjate que en el acordeón en Mi, la nota de Do, sólo se puede tocar en un solo botón.

Creo que ya tienes una idea muy clara de cómo está formado el acordeón y por qué se deben aprender las notas.

🟦 13 EL CHA-CHÁ

Esta es de las primeras canciones moviditas que vas a tocar en este libro. Ahora, vas a practicar un poco más el ritmo de las corcheas. Ten cuidado de poner siempre los dedos en la posición correcta. Fíjate en el teclado para que veas las notas que se van a usar en esta canción. Escucha el audio y lee las notas en el pentagrama. Si haces todo eso podrás tocar esta bonita canción de ritmo bailable.

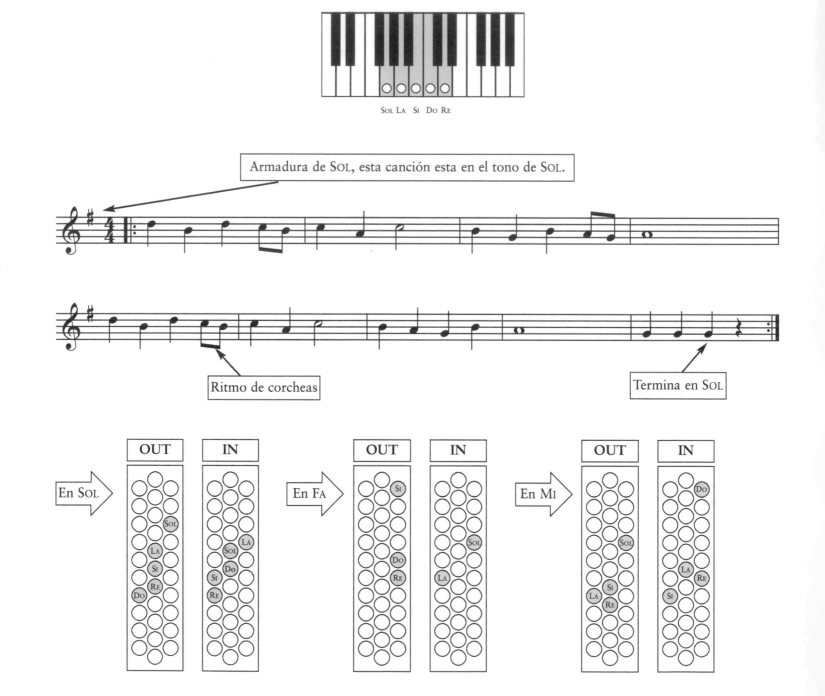

Cuando se está aprendiendo música, o aprendiendo a tocar algún instrumento, es necesario estudiar. Estudiar quiere decir entender bien lo que se está leyendo y aprenderlo. Si ya has entendido a este libro, cada vez va a ser más fácil tocar canciones en el acordeón, y por supuesto, leer música.

La nota Do en el acordeón de FA, se puede tocar con diferentes botones. Tócala con el botón que se te haga mas cómodo, dependiendo de la cantidad de aire que tengas en el acordeón, si ya casi no tienes aire para afuera (OUT) entonces tócala para adentro (IN) o al reves. Hay que tocar la nota que debe de ser, en el tiempo que debe de ser, y con eso tocas la melodía.

El *acordeón de botones*, no es como el piano. El piano o teclado tiene una nota para cada tecla y eso es todo. El acordeón de botones es como la guitarra, que puede tocar la misma nota en diferentes lugares. Es importante entonces aprender dónde están cada una de las notas y así será más fácil tocarlas.

Repasa la página 16 que es donde están todas las notas en el acordeón de SOL, la posición de las notas en el pentagrama y en qué botón se debe de tocar cada nota. De esa forma podemos saber qué botón hay que tocar para hacer la melodía.

En las páginas que siguen voy a hacer lo mismo pero con los acordeones de FA, y MI que son los más comunes.

¡Enhorabuena y sigue adelante!

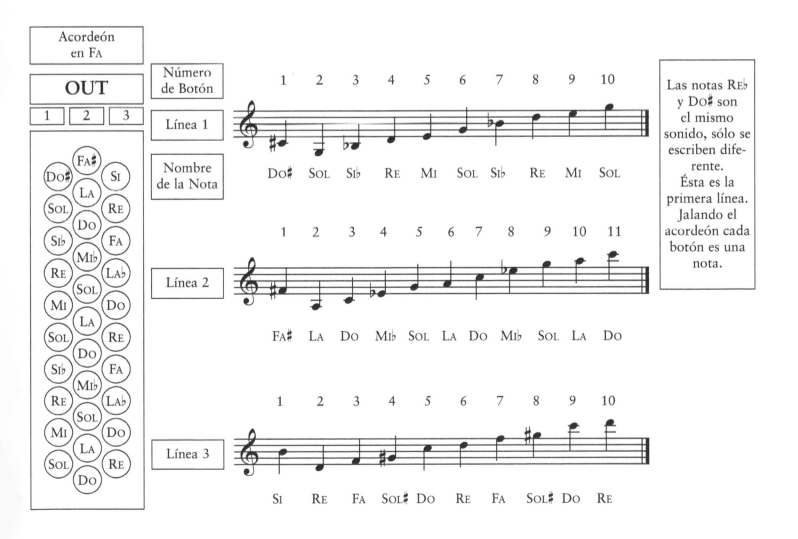

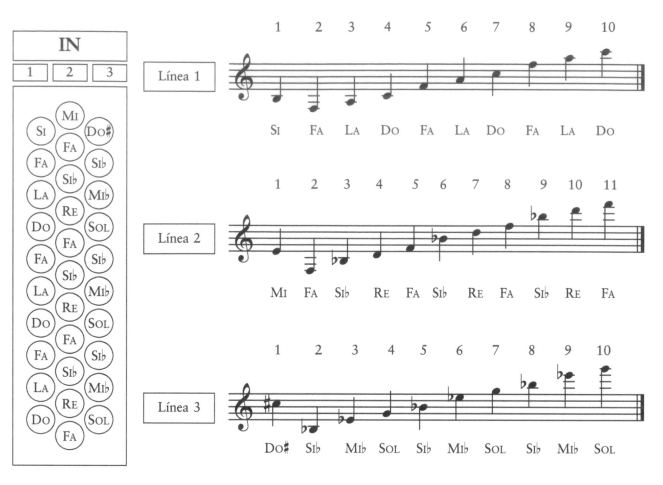

ANACRUSA

La anacrusa ocurre cuando la música no comienza en el primer tiempo. Empiezas a contar y comienzas a tocar antes del primer tiempo del siguiente compás.

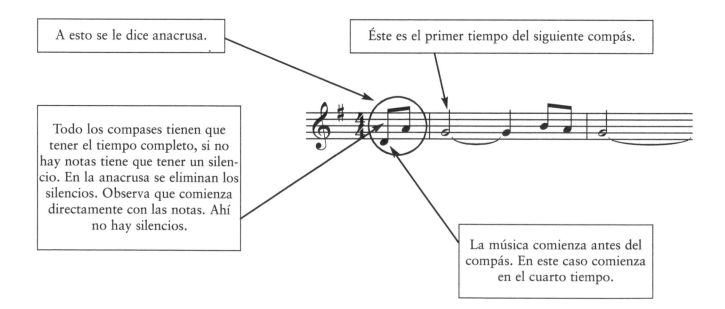

🟊 14 TODO POR TI

Esto es como un pequeño examen.

Primero: La canción es un poco más larga que las demás que has tocado hasta ahora.

Segundo: No te pongo el dibujo del acordeón para que pienses en donde se puede tocar cada una de las notas.

Tercero: Tiene un ritmo de 4 corcheas juntas, si no lo reconoces escucha el audio para que oigas como va.

Cuarto: Llegó el momento de aprender un poco más.

Quinto: A darle duro...

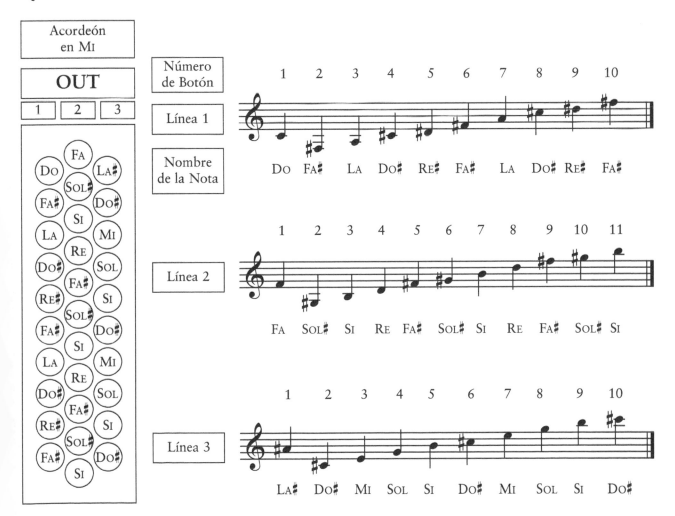

ESCALAS DOBLES

El acordeón de botones se caracteriza por un sonido muy especial; y ese sonido es que toca *dos botones al mismo tiempo*.

Hasta ahora sólo has tocado *una nota* a la vez, o sea *un* botón a la vez. Pero llego el momento de que practiques como debe de ser; con *dos botones*.

Le llaman *escala doble* y te voy a explicar porque.

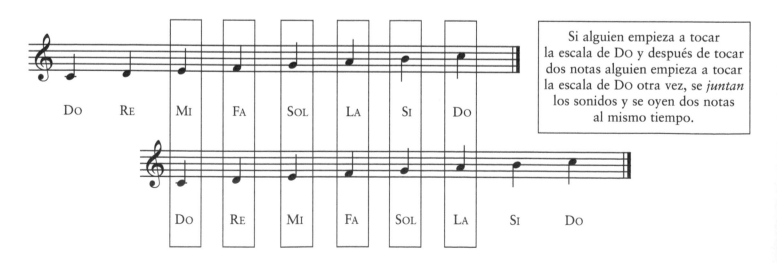

Si alguien empieza a tocar la escala de Do y después de tocar dos notas alguien empieza a tocar la escala de Do otra vez, se *juntan* los sonidos y se oyen dos notas al mismo tiempo.

15 ESCALA DOBLE DE DO

Y así es como se forma esta escala, que es la misma escala de Do solo que tocada con dos notas al mismo tiempo.

En la música se le llaman *terceras*.

Porque de Do a Mi hay tres notas (Do, Re, Mi)

De Re a Fa hay tres notas (Re, Mi, Fa)

De Mi a Sol hay tres notas (Mi, Fa, Sol) *etc.*

Son puras *terceras* que en la música se escuchan muy bonito y especialmente en el acordeón porque le dan ese sonido tan especial.

Nota: El ejemplo de cómo tocarla está en el acordeón en Sol, pero si usas la lógica y los conocimientos que has aprendido en este libro, vas a poder tocar la escala de Do en terceras en cualquier acordeón, siempre y cuando ese acordeón tenga las notas que se necesitan.

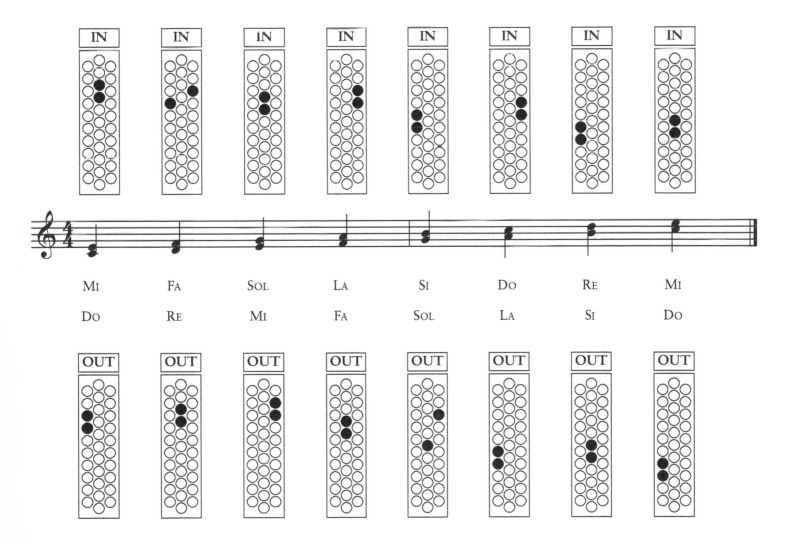

Regla: Si ves dos notas, quiere decir que son dos sonidos, o sea dos teclas en el acordeón de teclas o dos botones en el acordeón de botones. Este tipo de sonido con dos *notas* es muy común en el acordeón y casi la mayoría de melodías se tocan así, con dos notas (dos botones). Escucha el audio y practica mucho para que entiendas cómo funciona este asunto y vas a ver que no es tan difícil como a veces se cree. ¿Opina?

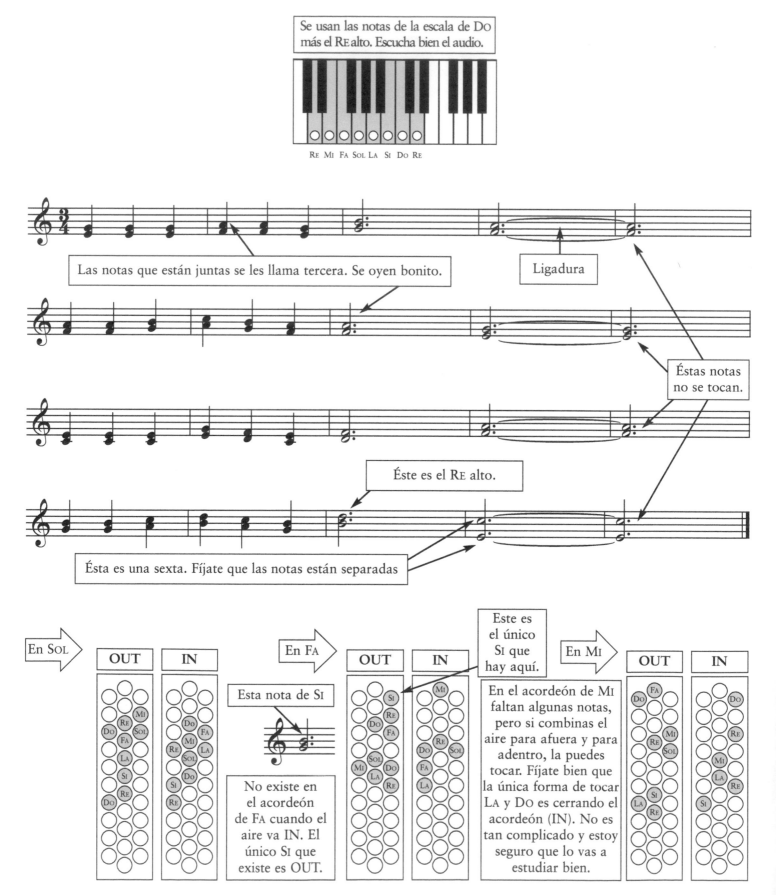

Se usan las notas de la escala de DO más el RE alto. Escucha bien el audio.

RE MI FA SOL LA SI DO RE

Las notas que están juntas se les llama tercera. Se oyen bonito.

Ligadura

Éstas notas no se tocan.

Éste es el RE alto.

Ésta es una sexta. Fíjate que las notas están separadas

En SOL

Esta nota de SI

No existe en el acordeón de FA cuando el aire va IN. El único SI que existe es OUT.

En FA

Este es el único SI que hay aquí.

En el acordeón de MI faltan algunas notas, pero si combinas el aire para afuera y para adentro, la puedes tocar. Fíjate bien que la única forma de tocar LA y DO es cerrando el acordeón (IN). No es tan complicado y estoy seguro que lo vas a estudiar bien.

En MI

17 ESCALA DOBLE DE SOL

En la página 41 está la escala doble de Do. Mostramos aquí la escala doble de Sol. La música tiene varias escalas y para dominar el acordeón o conocerlo mejor, necesitas saber todas las escalas. Recuerda que algunos acordeones no tienen todas las notas y por lo tanto no vas a poder tocar todas las escalas en todos los acordeones.

Por lo pronto vamos a estudiar la escala de Sol doble.

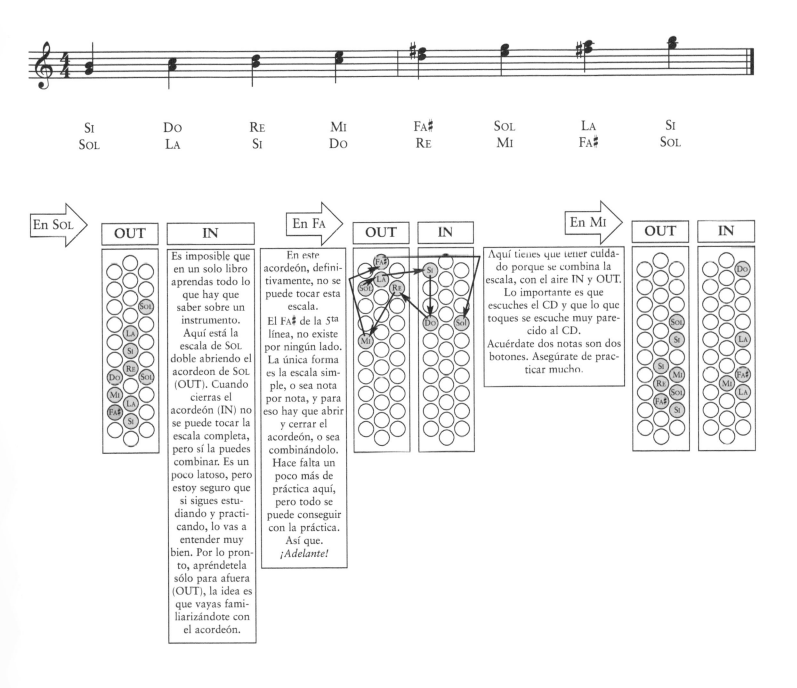

Si	Do	Re	Mi	Fa♯	Sol	La	Si
Sol	La	Si	Do	Re	Mi	Fa♯	Sol

En Sol

OUT **IN**

Es imposible que en un solo libro aprendas todo lo que hay que saber sobre un instrumento. Aquí está la escala de Sol doble abriendo el acordeon de Sol (OUT). Cuando cierras el acordeón (IN) no se puede tocar la escala completa, pero sí la puedes combinar. Es un poco latoso, pero estoy seguro que si sigues estudiando y practicando, lo vas a entender muy bien. Por lo pronto, apréndetela sólo para afuera (OUT), la idea es que vayas familiarizándote con el acordeón.

En Fa

OUT **IN**

En este acordeón, definitivamente, no se puede tocar esta escala. El Fa♯ de la 5ta línea, no existe por ningún lado. La única forma es la escala simple, o sea nota por nota, y para eso hay que abrir y cerrar el acordeón, o sea combinándolo. Hace falta un poco más de práctica aquí, pero todo se puede conseguir con la práctica. Así que. ¡Adelante!

En Mi

OUT **IN**

Aquí tienes que tener cuidado porque se combina la escala, con el aire IN y OUT. Lo importante es que escuches el CD y que lo que toques se escuche muy parecido al CD. Acuérdate dos notas son dos botones. Asegúrate de practicar mucho.

ESCALA DOBLE DE SOL EN EL ACORDEÓN DE TECLAS

Este no tiene muchos problemas. Tan sólo fíjate en dónde están las notas y que hay que tocar dos notas al mismo tiempo, o sea dos teclas. De dos en dos. Compara la escala y ve el teclado. Escucha el audio y practica. Eso es todo lo que tienes que hacer para aprender.

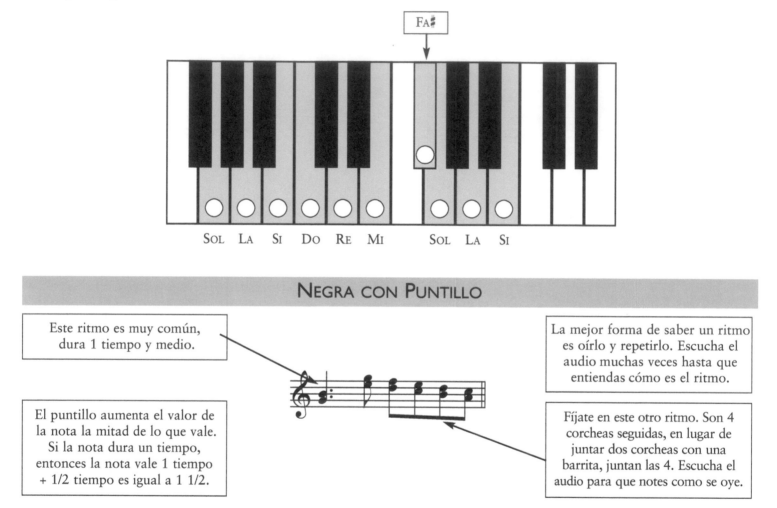

NEGRA CON PUNTILLO

Este ritmo es muy común, dura 1 tiempo y medio.

La mejor forma de saber un ritmo es oírlo y repetirlo. Escucha el audio muchas veces hasta que entiendas cómo es el ritmo.

El puntillo aumenta el valor de la nota la mitad de lo que vale. Si la nota dura un tiempo, entonces la nota vale 1 tiempo + 1/2 tiempo es igual a 1 1/2.

Fíjate en este otro ritmo. Son 4 corcheas seguidas, en lugar de juntar dos corcheas con una barrita, juntan las 4. Escucha el audio para que notes como se oye.

ACORDEÓN DE TECLAS

Éstas son las notas que se van a usar en esta canción. Repásalas y lee bien cuál es cuál. Fíjate en el FA#, está en la tecla negra.

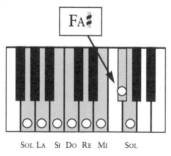

18 MELANCOLÍA EN SOL

Esta canción está en el tono de SOL. Como verás ya es un poco más completa. Presta atención porque ésta es la última vez que explicamos cómo se toca en diferentes acordeones. Seguro que ya lo has entendido bastante bien y no es necesaria tanta explicación. La canción es lenta, te da tiempo a mover los dedos y a tocarla. Siempre que toques una canción tienes que tocar todas las notas bien claritas y estudiarla mucho.

ACORDEÓN DE BOTONES

En los acordeones de *botones* no hay mucho que explicar, Simplemente repasa la página 43, donde está la escala doble de SOL. Con esas notas vas a poder tocar esta canción.

Creo que es muy fácil y a estas alturas del libro, estoy seguro que ya tienes una amplia idea de como tocar el acordeón y de cómo las notas del pentagrama se relacionan con las teclas o botones del acordeón.

Estudia bien todo el libro desde el principio hasta aquí, para que repases todo. La parte siguiente ya requiere de un conocimiento previo para poder seguir.

Recuerda debes de conocer bien tu instrumento bien y las notas para poder tocar bien.

¡Enhorabuena por llegar hasta este nivel!

IMPORTANTE

POR FAVOR, LEE ESTO.

Aunque veas muchas letras *lee, estudia*, esta página hasta que la entiendas bien.

Te voy a explicar como hacer para tocar las notas en el acordeón de botones. Estudia bien esta página porque mas adelante ya solo vas a ver canciones. Prefiero aprovechar el espacio de este libro para mostrarte más canciones y ejemplos. No hay mucho espacio para explicar una y otra vez con el dibujo del acordeón, por eso te explico detalladamente como tú solo lo vas a poder lograr.

Por lo que respecta al acordeón de teclas, te recomiendo mucho comprar el libro Primer nivel: Aprende teclado fácilmente, de esta misma serie. Como el teclado del piano y el acordeón de teclado son básicamente iguales, te puede ayudar bastante.

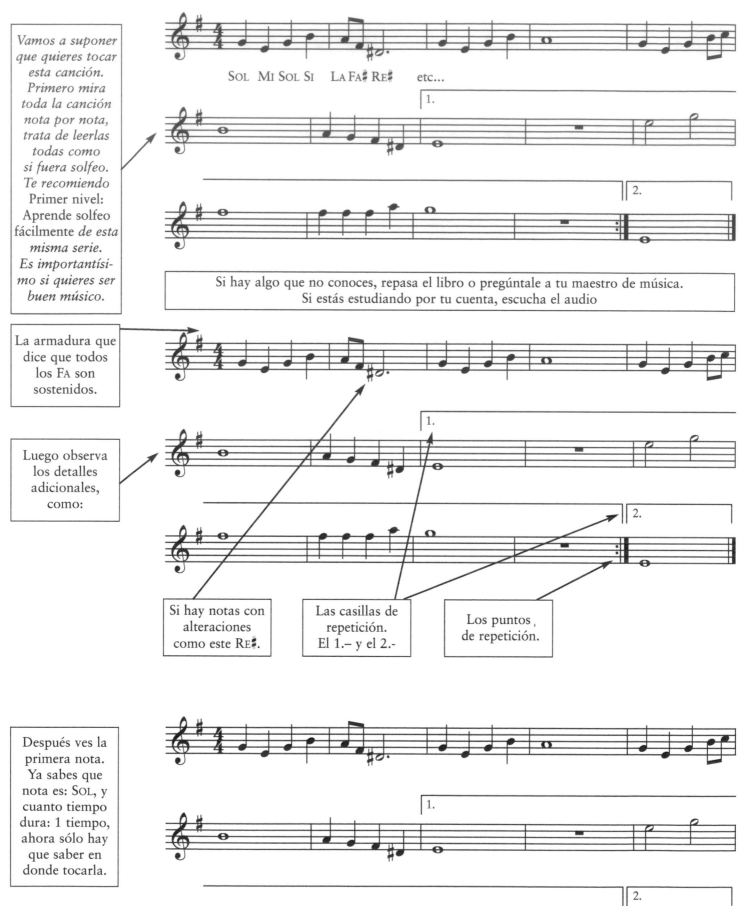

Vamos a suponer que quieres tocar esta canción. Primero mira toda la canción nota por nota, trata de leerlas todas como si fuera solfeo. Te recomiendo Primer nivel: Aprende solfeo fácilmente de esta misma serie. Es importantísimo si quieres ser buen músico.

SOL MI SOL SI LA FA♯ RE♯   etc...

Si hay algo que no conoces, repasa el libro o pregúntale a tu maestro de música.
Si estás estudiando por tu cuenta, escucha el audio

La armadura que dice que todos los FA son sostenidos.

Luego observa los detalles adicionales, como:

Si hay notas con alteraciones como este RE♯.

Las casillas de repetición.
El 1.– y el 2.-

Los puntos de repetición.

Después ves la primera nota. Ya sabes que nota es: SOL, y cuanto tiempo dura: 1 tiempo, ahora sólo hay que saber en donde tocarla.

Acordeón de Teclas: Fíjate en la página 11 y revisa las escalas de la página. Así sabrás dónde tocar la nota de SOL.

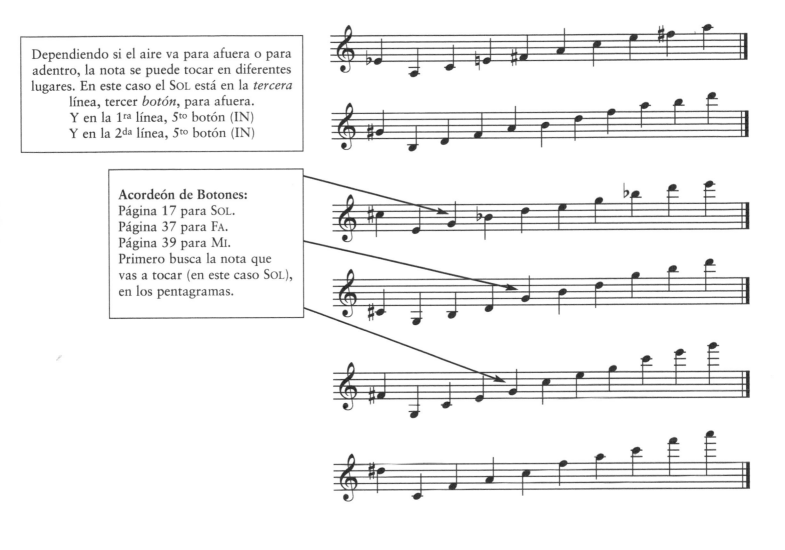

Dependiendo si el aire va para afuera o para adentro, la nota se puede tocar en diferentes lugares. En este caso el SOL está en la *tercera* línea, tercer *botón*, para afuera.
Y en la 1ra línea, 5to botón (IN)
Y en la 2da línea, 5to botón (IN)

Acordeón de Botones:
Página 17 para SOL.
Página 37 para FA.
Página 39 para MI.
Primero busca la nota que vas a tocar (en este caso SOL), en los pentagramas.

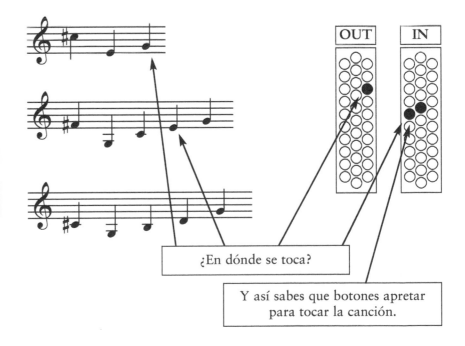

Una vez que ya sabes qué botón es, cuál línea es, y si tienes que abrir o cerrar el acordeon, es todo lo que necesitas. Ahora simplemente *tocas la nota*, el tiempo que debe de ser, y ¡listo! ¡Ya está! Ahora, vamos con la siguiente nota. Así vas nota por nota hasta terminar con la canción.

Esto es todo lo que necesitas hacer

¿En dónde se toca?

Y así sabes que botones apretar para tocar la canción.

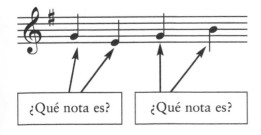

¿Qué nota es?   ¿Qué nota es?

48

🌟 19 VOLVERÉ OTRA VEZ

Esta canción está en el tono de SOL, o sea que con las notas de la escala de SOL, la vas a poder tocar. Así que a darle duro sin tanto problema. De cualquier manera, escucha el audio varias veces.

🌟 20 DE VEZ EN VEZ

Esta es una canción rapidita, para que muevas los dedos. La primera parte tiene notas de la escala de DO y la otra parte tiene notas de la escala de SOL. Fíjate en las repeticiones y practícala de vez en vez como si fuera un ejercicio.

Ya no te pongo el dibujo del acordeón porque estoy seguro que ya debes de entender cómo tocar las notas.

21 ESCALA DOBLE DE RE

Esta es la escala doble de RE (o sea en *terceras*). Si la quieres tocar sencilla, toca sólo las notas de abajo. Ya sabes como buscar las notas en el acordeón. *¡Practica mucho!*

FA#	SOL	LA	SI	DO#	RE	MI	FA#
RE	MI	FA#	SOL	LA	SI	DO#	RE

Esta nota es FA#

Y esta también es FA#, porque está en el mismo compás.

Esta nota es DO# también

Acordeón en SOL | OUT | IN
Ve la página 17 para que lo entiendas un poco mejor. Recuerda, nota por nota.

Acordeón en FA | OUT | IN
Ve la página 37 y revisa nota por nota. Un poco de practica, eso es todo.

Acordeón en MI | OUT | IN
Ve la página 39 en donde están las notas. ¿Ves que fácil es tocar este instrumento?

22 ESCALA DOBLE DE MI

SOL#	LA	SI	DO#	RE#	MI	FA#	SOL#
MI	FA#	SOL#	LA	SI	DO#	RE#	MI

Fíjate como escribo todos los sostenidos en cada una de las notas, pero si le ponemos la armadura, o sea, todos los sostenidos que hay, entonces ya no hace falta ponérselos a cada una de las notas y la música se ve mas clara y mas fácil de leer. Por eso es bueno que te aprendas las armaduras de cada tono.

Armadura de MI

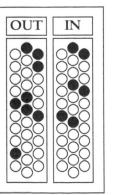

Acordeón en SOL | OUT | IN
Falta una que otra nota, pero es lo más que se puede hacer en este acordeón.

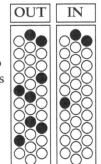

Acordeón en FA | OUT | IN
Aquí si es un poco complicado tocar esta escala, por eso hay más acordeones en otros tonos.

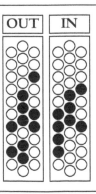

Acordeón en MI | OUT | IN
Poco a poco lo vas entendiendo ¿verdad? La clave es el estudio. Asegúrate de revisar nota por nota.?

23 BACH NORTEÑO

Ya vas por el nivel intermedio. Quiere decir que las canciones son un poco más largas y con más notas. Esta canción está en el tono de Do, así que a darle duro y a practicar mucho.

Esta canción se compuso hace más de 300 años y todavía se toca, ¿qué te parece?

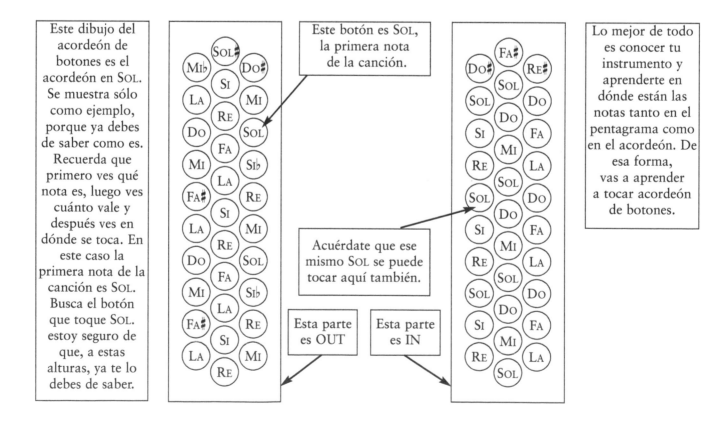

Este dibujo del acordeón de botones es el acordeón en SOL. Se muestra sólo como ejemplo, porque ya debes de saber como es. Recuerda que primero ves qué nota es, luego ves cuánto vale y después ves en dónde se toca. En este caso la primera nota de la canción es SOL. Busca el botón que toque SOL. estoy seguro de que, a estas alturas, ya te lo debes de saber.

Este botón es SOL, la primera nota de la canción.

Acuérdate que ese mismo SOL se puede tocar aquí también.

Esta parte es OUT

Esta parte es IN

Lo mejor de todo es conocer tu instrumento y aprenderte en dónde están las notas tanto en el pentagrama como en el acordeón. De esa forma, vas a aprender a tocar acordeón de botones.

24 ESCALA DOBLE DE LA

Las escalas son 8 notas. Si empiezas en LA, terminas en LA; Si empiezas en SOL, terminas en SOL, etc. Toma en cuenta que hay notas altas (agudas) y notas bajas (graves), o sea que la misma escala se puede hacer en notas altas (como en este caso) o en notas bajas.

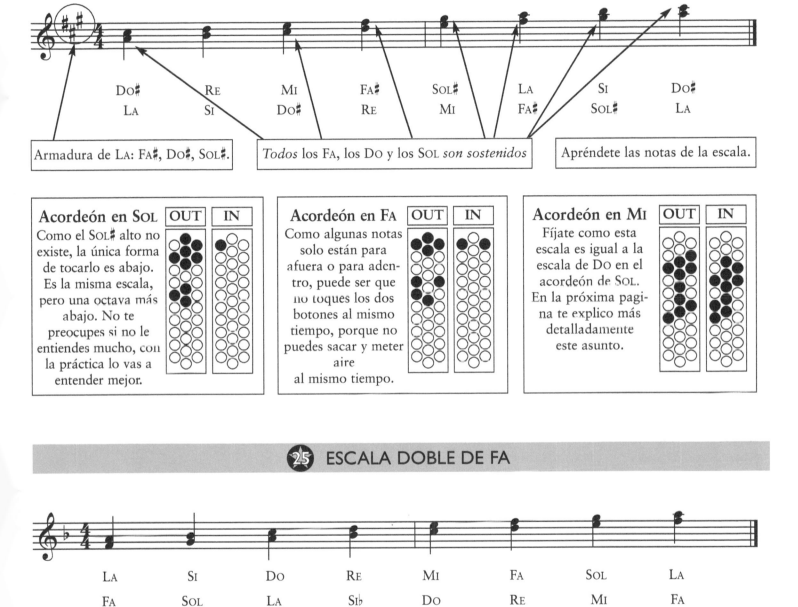

| DO♯ | RE | MI | FA♯ | SOL♯ | LA | SI | DO♯ |
| LA | SI | DO♯ | RE | MI | FA♯ | SOL♯ | LA |

Armadura de LA: FA♯, DO♯, SOL♯.

Todos los FA, los DO y los SOL *son sostenidos*

Apréndete las notas de la escala.

Acordeón en SOL | OUT | IN
Como el SOL♯ alto no existe, la única forma de tocarlo es abajo. Es la misma escala, pero una octava más abajo. No te preocupes si no le entiendes mucho, con la práctica lo vas a entender mejor.

Acordeón en FA | OUT | IN
Como algunas notas solo están para afuera o para adentro, puede ser que no toques los dos botones al mismo tiempo, porque no puedes sacar y meter aire al mismo tiempo.

Acordeón en MI | OUT | IN
Fíjate como esta escala es igual a la escala de DO en el acordeón de SOL. En la próxima pagina te explico más detalladamente este asunto.

25 ESCALA DOBLE DE FA

| LA | SI | DO | RE | MI | FA | SOL | LA |
| FA | SOL | LA | SI♭ | DO | RE | MI | FA |

No todas las escalas tienen ♯ (sostenidos), algunas escalas tienen ♭ (bemoles). La escala de FA tiene un bemol (SI♭). Los bemoles (♭) *bajan* medio tono el sonido de la nota.

Los sostenidos (♯) *suben* medio tono el sonido de la nota.

Para entender bien eso de que sube o baja la nota necesitas un poco más de conocimientos de música, te recomiendo el libro de *Primer nivel: Aprende armonía fácilmente* de esta misma serie. De todos modos con el tiempo lo vas a entender muy bien.

Acordeón en Sol OUT IN

¡Paciencia! ¡Y mucha práctica! Ésa es la única manera de aprender a tocar un instrumento. Repasa nota por nota y escala por escala muchas veces.

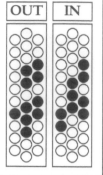

Acordeón en Fa OUT IN

Poco a poco, en la siguiente página te explico más detalladamente cómo saber que acordeón usar y qué botones dependiendo del tono.

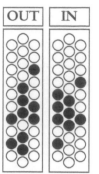

Acordeón en Mi OUT IN

Aquí no hay manera de tocar esta escala porque no existe la nota de Fa alta. Puedes tocar algunas notas, pero para eso hay más acordeones.

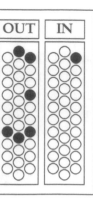

Tabla Práctica Para el Acordeón de Botones

Existen acordeones de botones en varios tonos. Los más prácticos y comunes son los siguientes:

Acordeón en Sol
Acordeón en Fa
Acordeón en Mi
Acordeón en La

La música tiene reglas, y si las conoces, vas a poder entender la música mejor. Recuerda que los sonidos en la música tienen nombre. Hay 12 sonidos diferentes (que componen la escala *cromática*). Página 11.

El *tono* del acordeón es el sonido que hace al tocar los botones. Si tocas un botón en el acordeón de Sol, produce un sonido, vamos a poner como ejemplo Do. Si tocas el mismo botón en el acordeón de Fa, entonces el sonido es diferente ahora es Si♭, eso lo explico aún con más detalle en la página 18. Así que si creas un *patrón* o una escala en un acordeón, el mismo patrón o escala va a sonar diferente en otro. A continuación te mostramos una tabla general.

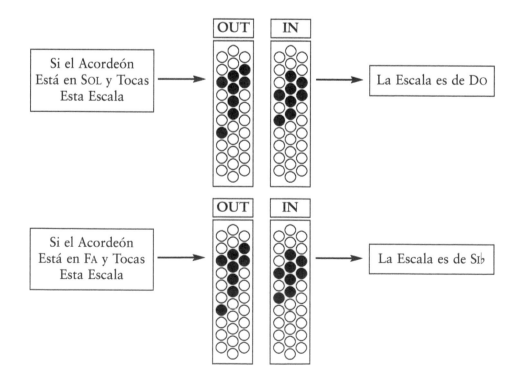

53

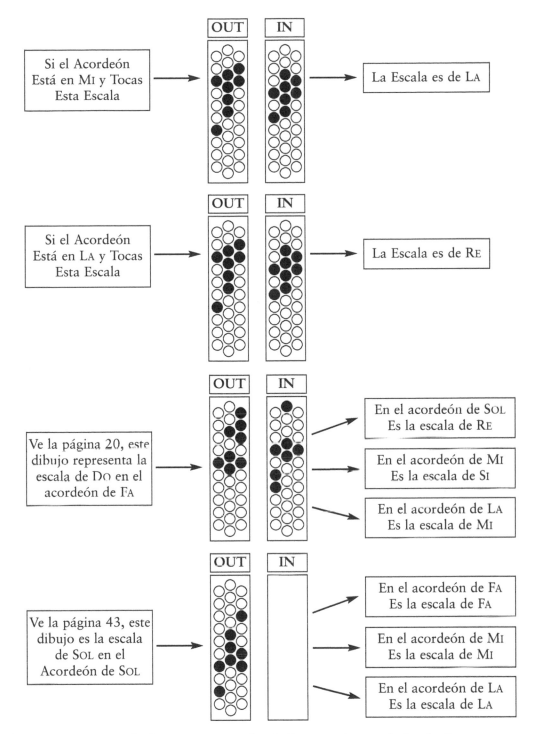

Con estos ejemplos vamos a usar la lógica. La escala de Do en el acordeón de Sol, es la escala de Si♭ en el acordeón de Fa.

¿Por qué?

Porque de Sol a Fa (los tonos del acordeón) hay una distancia de 3 notas, para abajo (ve la página 11, la escala cromática).

Sol- Sol♭-Fa

Por eso, si la escala es de Do, se transporta para abajo 3 notas: Do-Si- Si♭.

Esa distancia en música se llama *intervalos*. Siempre tiene que haber el mismo intervalo para conservar la misma relación.

Es un poco latoso de entender, pero una vez que le entiendas es muy fácil.

Si un botón en el acordeón de SOL es RE, mides la distancia que hay de SOL a RE (SOL-SOL#-LA-LA#-SI-DO-DO#-RE) hay 8 notas de distancia (se cuentan todas), entonces en el acordeón de MI ¿qué nota seria el mismo botón? Pues sólo cuentas 8 notas empezando de MI (MI-FA-FA#-SOL-SOL#-LA-LA#-SI). Entonces el mismo botón seria SI, lo puedes comprobar en la página 16.

Y, ¿qué nota seria el mismo botón en el acordeón en FA, cuenta 8 notas (FA-FA#-SOL-SOL#-LA-LA#-SI-DO). Entonces es DO. ¿Ves como funciona? *Espero que con esta explicación lo hayas entendido bien.*

26 NORTEÑA DE MIS AMORES

Esta canción esta en 3/4. Recuerda que tiene 3 tiempos en cada compás.

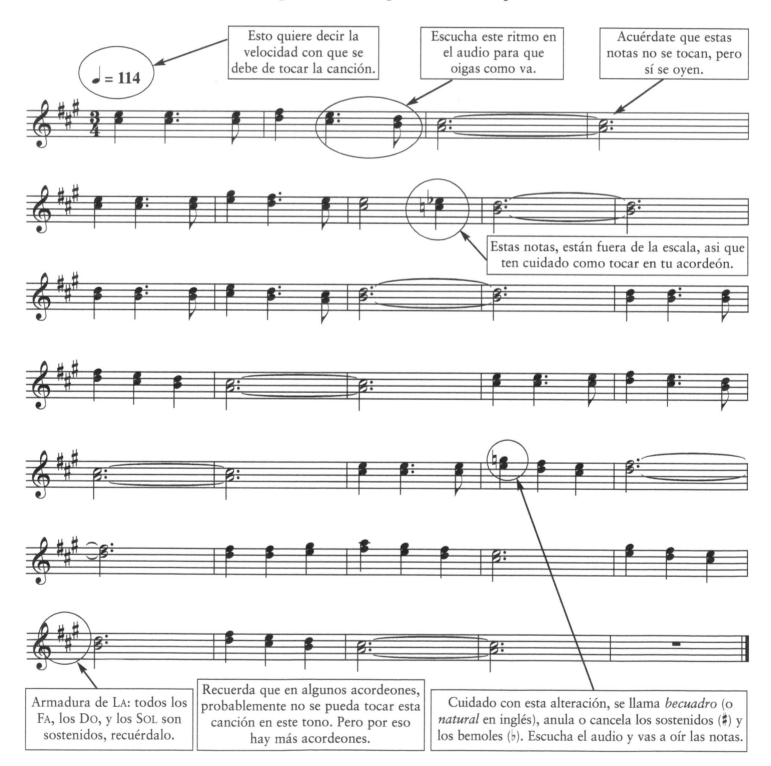

A veces es muy difícil explicar todo con un solo libro o entender todo lo que se explica. De cualquier manera, lee varias veces las explicaciones de este libro porque, sinceramente, está hecho de la mejor y más fácil manera posible. Estudia y practica, dedícale tiempo y al final vas a obtener los frutos de tu esfuerzo. *¡Enhorabuena!*

ACORDES EN EL ACORDEÓN DE BOTONES

Los acordeones son muy buenos para tocar melodías o adornos. Sin embargo, no sólo hacen melodías, también hacen *acordes*, y esa es una de las razones principales por las cuales el acordeón está acomodado a la forma en que está.

La música norteña, o ranchera, o corridos, en su gran mayoría se toca con sólo 3 tonos; primera, segunda y tercera como se le llama en la música popular. Por ejemplo la primera de Do es Do, la segunda de Do es Sol, y la tercera de Do es Fa.

En el acordeón de Sol hay 3 líneas de botones, con el *aire* IN y la línea de en medio, o sea:

La 2da línea, todos los botones (menos el 1ro) están acomodados para hacer el acorde de Do, o sea *la primera*.

La 1ra línea, todos los botones (menos el 1ro) están acomodados para hacer el acorde de Sol, o sea *la segunda*.

La 3ra línea, todos los botones (menos el 1ro) están acomodados para hacer el acorde de Fa, o sea *la tercera*.

Tiene los botones muy fáciles para acompañar canciones. Si quieres saber cual es la tercera de Fa o la segunda de Re o cualquier tono por el estilo, te recomiendo el libro de *Primer nivel: Aprende teclado fácilmente* o *Primer nivel: Aprende guitarra fácilmente*, en las ultimas páginas están todos los tonos con su 1ra, 2da, y 3ra.

Por lo pronto vamos a tocar un acompañamiento norteño, con puros acordes. En ritmo de 3/4 rancherita.

56

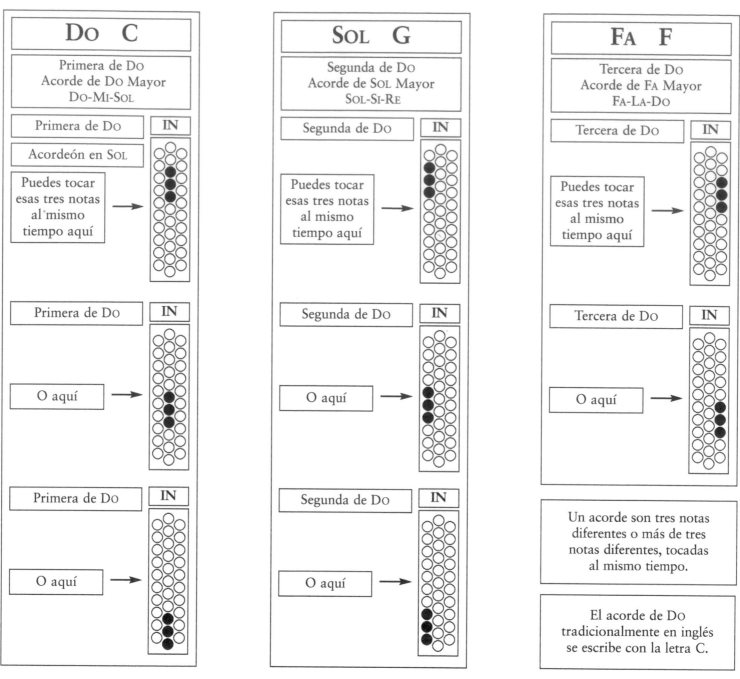

Do C

Primera de Do
Acorde de Do Mayor
Do-Mi-Sol

Primera de Do   **IN**

Acordeón en Sol

Puedes tocar esas tres notas al mismo tiempo aquí →

Primera de Do   **IN**

O aquí →

Primera de Do   **IN**

O aquí →

Sol G

Segunda de Do
Acorde de Sol Mayor
Sol-Si-Re

Segunda de Do   **IN**

Puedes tocar esas tres notas al mismo tiempo aquí →

Segunda de Do   **IN**

O aquí →

Segunda de Do   **IN**

O aquí →

Fa F

Tercera de Do
Acorde de Fa Mayor
Fa-La-Do

Tercera de Do   **IN**

Puedes tocar esas tres notas al mismo tiempo aquí →

Tercera de Do   **IN**

O aquí →

Un acorde son tres notas diferentes o más de tres notas diferentes, tocadas al mismo tiempo.

El acorde de Do tradicionalmente en inglés se escribe con la letra C.

27 VUELVE

En esta canción, en lugar de tocar la melodía, o sea las notas, vas a tocar los acordes, el ritmo. Fíjate en la letra arriba de los compases y ese es el acorde que vas a tocar. Todo el aire va IN. Fíjate como va el ritmo.

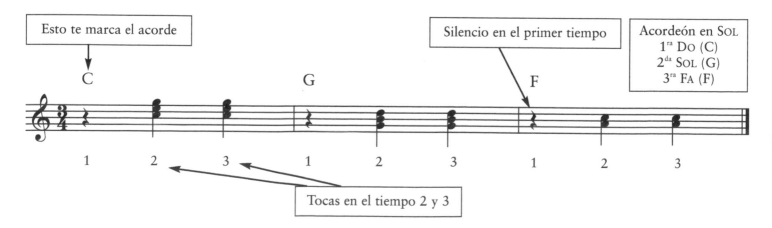

Esto te marca el acorde

Silencio en el primer tiempo

Acordeón en Sol
1ra Do (C)
2da Sol (G)
3ra Fa (F)

Tocas en el tiempo 2 y 3

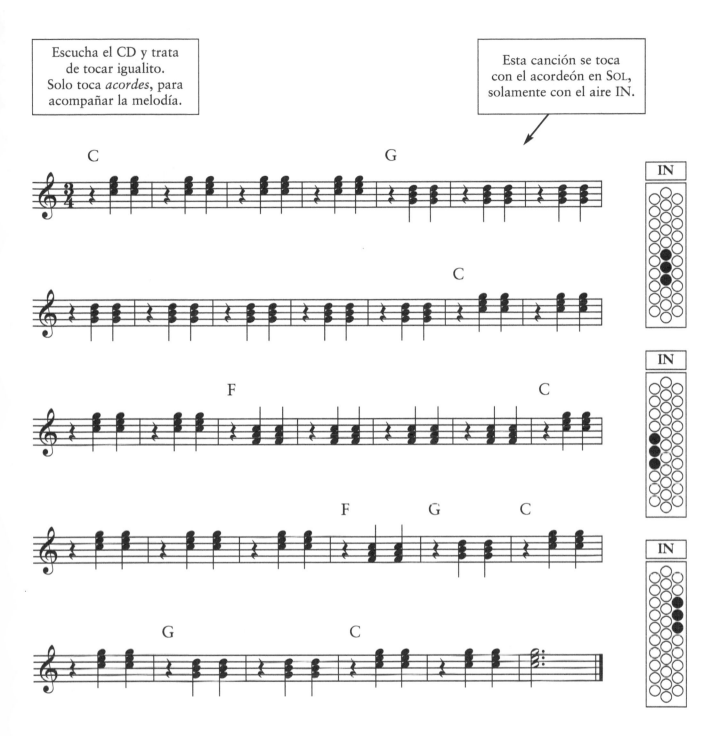

28 VUELVE UNA VEZ MÁS

Ahora trata de tocar la misma canción, pero tocando la melodía. Este es un pequeño examen, sólo está la melodía en notas. Debes de buscar dónde tocar esas notas en el acordeón. ¡*Suerte!*

Esta canción es igual que la próxima con los mismos botones, sólo que se toca con el acordeón de FA. Los tonos son:

1ra Si♭ (B♭)
2da FA (F)
3ra MI♭ (E♭)

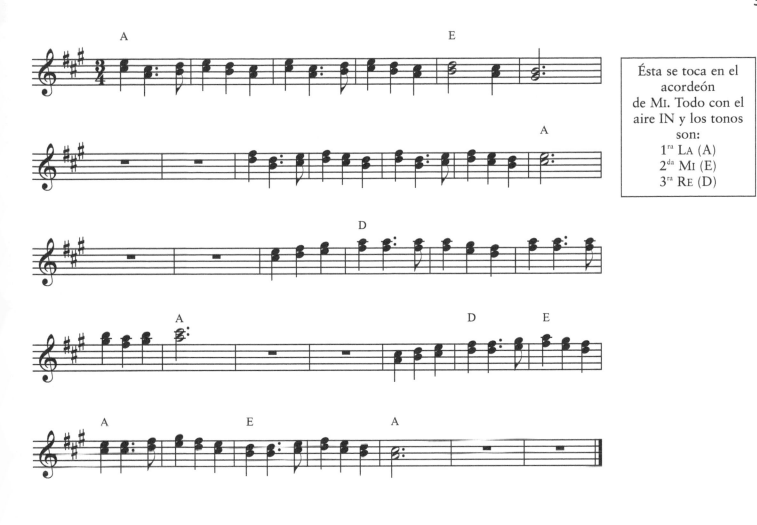

Ésta se toca en el
acordeón
de Mi. Todo con el
aire IN y los tonos
son:
1ra La (A)
2da Mi (E)
3ra Re (D)

TÉCNICA DEL ACORDEÓN DE BOTONES

La mayoría de las canciones tocadas en el acordeón tienen un «saborcito» o sea, un toque musical. Cuando uno toca el acordeón y se tocan dos botones al mismo tiempo, casi no se tocan exactamente al mismo tiempo, o sea como que se toca uno y luego el otro, o sea se oyen «disparejos» pero dan el sonido y saborcito del acordeón. Escucha y toca este adorno y entenderás mejor lo que te digo.

29 ADORNO EN SI BEMOL

Tiene muchos detallitos que probablemente no entiendas. No te preocupes, por eso está el libro de *Primer nivel: Aprende solfeo fácilmente.* Escucha el CD y tócalo de oído. Lo importante es que oigas el saborcito de las notas tocadas dobles.

¡ADORNOS, ADORNOS, Y MÁS ADORNOS!

Llegó el momento de la verdad, estamos al final de este libro. Espero que ya hayas aprendido lo suficiente, como para poder tocar varias melodías en acordeón, tanto en el de *botones* como en el de *teclas*. De aquí en adelante vamos a tocar puros adornos que la mayoría de ustedes a los que les gusta el acordeón están deseosos de conocer. Aviso que la mayoría de los adornos van a tener una escritura un poco rara. Si los puedes entender, muy bien, y si no, no te preocupes toca los adornos de *oído*. Escuchando el audio los vas a poder tocar. No son adornos de canciones que conozcas, pero estoy seguro que muchos de ellos, te van a sonar parecidos a algunas canciones. Todos son parecidos, están basados en las escalas. Ahora llegó el momento de tocar y a disfrutar de lo que aprendiste en este libro. Trata también de *inventar* tus propios adornos.

30 ADORNO DE TRESILLOS

31 ADORNO EN DO

32 ADORNO DE RAPIDITO

VELOCIDAD

La velocidad en la música es muy importante. A partir de estos adornos, vas a oír en el audio como se toca el adorno a una velocidad lenta para poco a poco ir subien-do de velocidad hasta tocar el mismo adorno muy rápido. Cualquier persona puede tocar música si se tocara muy despacio, el problema es que hay que tocar a veces rápido y a veces muy rápido; por eso la única forma de lograrlo es practicando.

Escucha el audio y trata de hacerlo *lento* primero, y poco a poco más *rápido*. De esa forma es como se estudia todo en música.

«Cuanto Más Lento Practiques, Más Rápido Aprenderás»

33 ADORNO SENCILLO

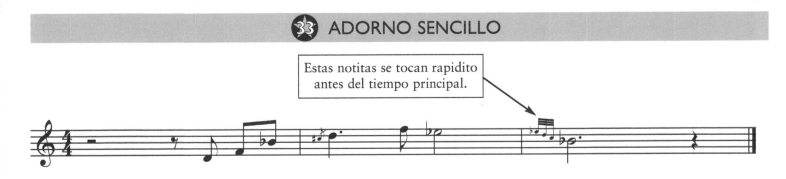

Acuérdate que este tipo de escritura en los adornos, es un poco difícil de entender muy bien. Por esta razón escucha el CD y trata de tocarlo lo más parecido posible.

34 ADORNO EN TERCERAS

Repite muchas veces cada adorno para que le agarres la onda. Si sigues estudiando, más adelante vas a entender la forma con que está escrito. De momento, diviértete y disfruta tocando tu instrumento favorito.

35 ADORNO EN SOL MENOR

Aunque el acorde final te suene un poco raro, está bien. Es una forma de terminar las canciones y algunos músicos les gusta terminar así con ese acorde. Es un acorde de *séptima mayor*. (En *Primer nivel: Aprende armonía fácilmente* entenderás qué es eso).

ACORDES MAYORES

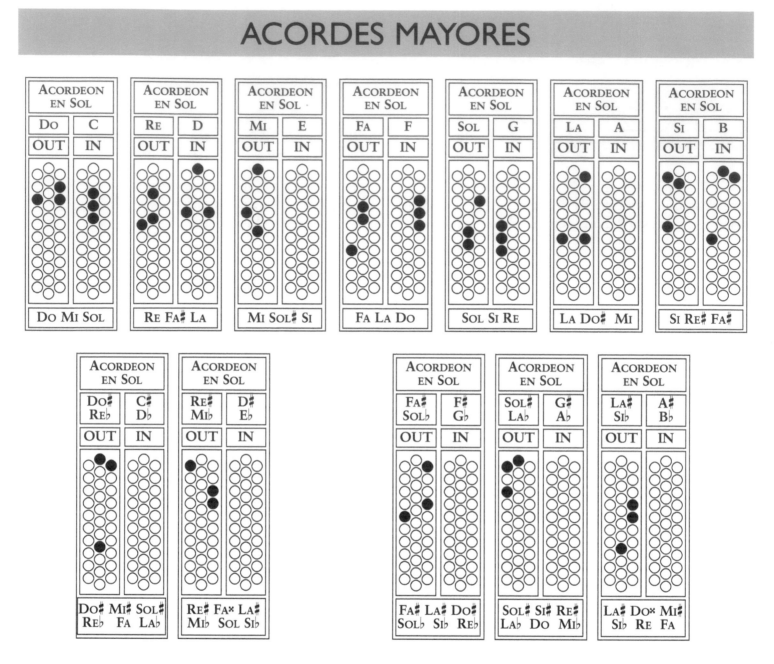

Fíjate como se ve la forma de un teclado. Hay 7 notas arriba y 5 notas abajo.

Es la escala de los 12 sonidos musicales.

La posición de los botones, es la misma en todos los acordeones, lo que cambia es el tono.

Por ejemplo el acorde de SOL, tiene una posición fija. (Mira el dibujo arriba).

En el acordeón de SOL, en esa posición se oye el acorde de SOL. Pero en la misma posición, con los mismos botones, si lo tocaras en el acordeón en FA, se escucharía el tono de FA.

En el acordeón de MI, se oye el tono de MI. Por eso fíjate la posición que buscas. Ya sabes que acordeón tienes y así puedes tocar los acordes.

ÚLTIMAS PALABRAS

Como te habrás dado cuenta, es imposible poner todo lo que un instrumento puede hacer en un solo libro. Desafortunadamente se terminó el espacio dedicado a este libro y no podemos incluir todo. Mostramos las escalas mayores. Si las quieres tocar, puedes ver la página 4 donde también vas a encontrar las notas de las escalas más usadas. Usando lo que aprendiste en este libro puedes tocarlas, siempre y cuando las notas existan en el acordeón.

Por lo que respecta a los acordes, sólo te digo que hay muchos y muy variados. Por eso, si te interesa aprender música de una forma profesional, además de tocar un instrumento debes de saber *armonía*, que es la parte de la música que estudia las escalas y los acordes. Te recomiendo el *Primer nivel: Aprende armonía fácilmente*, de esta misma serie. Si tocas acordeón de teclas, te recomiendo el libro *Primer nivel: Aprende teclado fácilmente*. Ese libro te va a ayudar bastante. Además tiene todos los acordes de primera (1ra), segunda (2da), y tercera (3ra) de todos los tonos mayores. si quieres aprender todo eso, busca ese libro y con eso y la practica vas a tocar de maravilla.

LISTA INDIVIDUAL DE TEMAS MUSICALES

1. Escala de Do
2. En qué tono está mi acordeón (SOL)
3. En qué tono está mi acordeón (FA)
4. En qué tono está mi acordeón (MI)
5. Mis primeros pininos
6. Rancherita
7. Ranchera
8. Tu dulce amor
9. Escala de SOL
10. Escala de SOL (Otra forma de tocarla)
11. Amanecer
12. Solamente dos veces
13. El Cha-chá
14. Todo por ti
15. Escala doble de Do
16. Norteña doble
17. Escala doble de SOL
18. Melancolía en SOL
19. Volveré otra vez
20. De vez en vez
21. Escala doble de RE
22. Escala doble de MI
23. Bach norteño
24. Escala doble de LA
25. Escala doble de FA
26. Norteña de mis amores
27. Vuelve
28. Vuelve una vez más
29. Adorno en SI bemol
30. Adorno de tresillos
31. Adorno en Do
32. Adorno de rapidito
33. Adorno sencillo
34. Adorno en terceras
35. Adorno en SOL menor

PRIMER NIVEL: APRENDE ACORDEÓN FÁCILMENTE
POR VÍCTOR M. BARBA

Gracias a MI familia por ayudarme y apoyarme en la realización de este libro.
Gracias también a Betty, mi esposa y a mis dos hijos, Carlos y Cindy.

NOTA BIOGRÁFICA DEL AUTOR

Víctor M. Barba estudió música en el Conservatorio Nacional de Música de México D.F. Cuenta en su poder con varios premios entre los que se encuentran dos premios Nacionales de Composición. Es así mismo autor de un concierto para piano y unas variaciones sinfónicas. Su música ha sido interpretada por la Orquesta Sinfónica del Estado de México, bajo la dirección del Maestro Eduardo Díazmuñoz G. Desde muy joven impartió clases de música en diferentes escuelas y a nivel privado, pero no fue hasta 1996 que fundara la escuela Easy Music School. Su sistema de aprendizaje *Música Fácil* © ha ayudado a miles de personas aprender música de una manera práctica y profesional. Como productor de discos y arreglista trabajó junto a Cornelio Reyna y recientemente compuso la banda sonora de la película *Sueños amargos* protagonizada por Rozenda Bernal y Alejandro Alcondez. Víctor M. Barba se destaca también como autor y ha publicado varios métodos para tocar instrumentos musicales tan variados como: teclado, acordeón, batería, solfeo e incluso canto. En la actualidad se concentra en la escritura de libros para trompeta, violín y armonía. Es miembro de BMI y sus canciones han sido interpretadas por artistas de renombre internacional.